尤静波 著

爸爸我爱你
一个音乐家的父教笔记

上海音乐出版社

上海文艺音像电子出版社

目　录

自序　以父之名

　　我是一个爸爸，两个孩子的爸爸，一个搞音乐的爸爸。在没有孩子之前，我做梦都想不到自己会和育儿书联系在一起。孩子出生前，音乐是我的全部；但自从有了孩子，两个小家伙就成了我生命中的首重。

　　由于小时候我是一个"农村散养"的孩子，儿时没有上过幼儿园，更没受过什么早教，所以我的自身经历对教育下一代其实并没有什么参考价值；但是，我想做一个好爸爸，不希望孩子的人生毁在自己的手中。于是，一个全新的课题便摆在了我的面前。

　　虽然当了10多年的教师，但对于育儿这个新课题我全然没有思路；面对新生命的到来，除了爱和喜悦我束手无策。俗话说："子不教，父之过。"何以证明"爱"？唯有把孩子教育好，才是真正的爱。为了把"过"降到最低，我开始大量阅读育儿书。

　　外国引进的育儿书是我的首选。但由于西方人的表述方式相对含蓄，这些著作又都是育儿理论书，书中的理念虽然非常好但读起来却十分枯燥，看得我实在提不起精神。但每当恍惚之际，"子不教，父之过"总会回荡在脑海，"三字经"确实厉害！于是我硬着头皮读完了这堆翻译过来的"洋书"。当然，我也看了不少国人写的育儿书，好的烂的全都翻过。

在育儿这件事情上，很多爸爸疏远孩子的理由是没时间。所幸我是个老师，每天的上下班时间比较稳定，并且每年还有两个很长的假期可以陪伴孩子，一年中我有三个月时间可以每天陪在孩子身边，这便成为了我观察孩子，与孩子交流的重要时刻。这些时光不仅培养了我和儿子的感情，而且还凝聚了我们一家人的亲情。整整一两个月，完全抛掉工作的烦恼，左手老婆、右手孩子，寒暑假成为我人生中最快乐的时光。

孩子的成长是一条不可逆转的单行线，为了能够在孩子小的时候多点时间与他共处，3年来我推掉了与音乐相关的很多活动，从家里到学校两点一线，我的世界已被孩子填满。孩子成为我生活中最大的瘾。

孩子的成长，我和老婆分工明确，她负责孩子的吃、穿、睡，我负责孩子的教育。也就是说，孩子饿了、困了、冷了、热了，这些都是她的事，而我主要负责孩子的行为与思想。但我们有一个共同的任务——那就是陪孩子一起玩，周末或闲暇时我们都会和孩子在一起，共度这美好的家庭时光。

什么是家？家就是由孩子、爸爸和妈妈组成的一个窝，缺了谁都不成家，所以我们很重视家庭活动，一家三口乃至后来的一家四口，每天睡前都有一个亲子时间，儿子将其称为"讲故事时间""爬爸爸时间""唱歌时间""跳舞时间"，我们会以各种形式陪他疯、陪他闹、陪他玩、陪他笑，一家人在一起，家就是欢乐的海洋。

在中国，社会上有一种普遍观念，认为育儿只是妈妈的事情，一个爸爸写了本亲子书，听起来倒是一件比较新奇的事情。但实际上这一点也不新奇，爸爸在家庭教育中的角色其实非常重要，只是我们忽略了他的作用。男孩少了父教，易缺阳刚之气，易懦弱、怕羞、沮丧；女孩若缺少父教，更是会造成人格的缺失，易早恋、情绪化、缺乏安全感。因此，在孩子的成长中，父教是一个不可缺少的部分。俗话说：父爱如山。什么是爱？陪伴与守护就是最好的爱。

本来我写这些笔记只是为了记下儿子的成长历程，但是随着文字越垒越多，便产生了一个出书的想法，我想把这些育儿心得结集出版以便和其他父母们进行分享。对于我的这个想法，岳母曾半开玩笑地说，别人都是孩子有了很大成就以后才将自己的育儿经验写成书，而我们的孩子才3岁，不知道以后成功与否，你的经验何以让人信服？

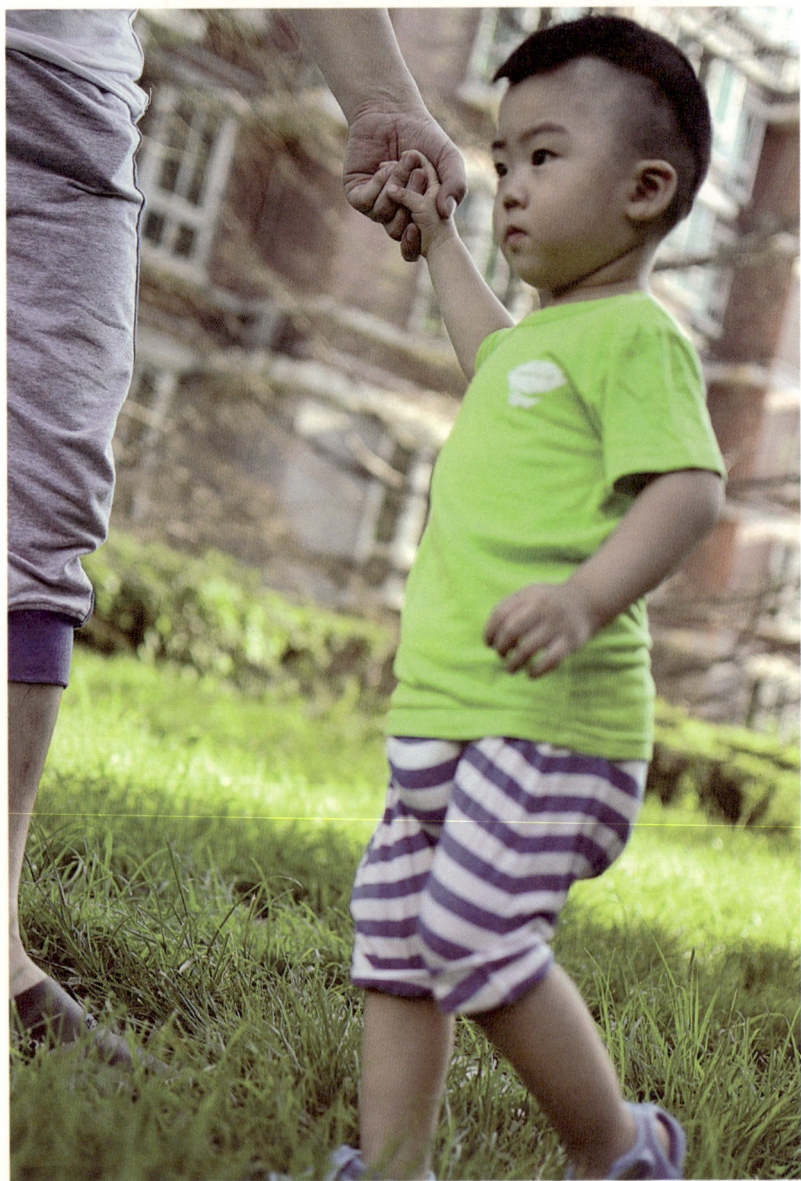

这个问题我是这样看的。孩子的教育是否成功，不在于他（她）以后能否考上名牌大学，能否当大官，能否赚大钱；而是在于他（她）是否快乐，是否健康，是否能够循着自己的信念走上自己喜欢的人生道路。所以，孩子的教育是否成功，不用等到考大学、找工作以后再下结论，3岁之前就可以看到他（她）的未来。

3岁之前，家庭教育是主体，而在家庭教育中，爱是前提。什么是爱？不是单纯的物质和金钱的给予，而是从小就为孩子做好周密的人生规划。对于孩子的规划，我总结了几点心得：1）要让孩子精神快乐、身体健康，让他（她）在生活中能够自由的做他（她）想做的事情；2）每天都有爸爸妈妈的陪伴，在陪伴中爸爸妈妈要帮助孩子树立良好的行为规范，控制孩子的索求欲望，培养孩子的分享习惯；3）培养孩子的开放性思维，从小给他（她）一个自由的想象空间，帮他开发想象力和创造力；4）培养孩子的阅读习惯，有了阅读习惯就拥有了终身学习的能力；5）给孩子成长提供一个和谐的环境和美满的家，让家成为孩子的快乐天堂。拥有了这五点，幸福的人生，岂有不成功的道理？

作为父母都爱自己的孩子，但是孩子却不一定都爱自己的父母。爱与不爱，不在孩子，而在于父母。爱是人生中最大的情感投资，有付出必有回报，尤其是儿时的投资，一本万利。

　　父爱如山，孩子就是山脚下的一棵小树；挡风遮雨，这是父亲的责任也是义务。谁让你把孩子带到人间？

　　寥寥千字是为序，愿以父之名与天下父亲共勉！

　　（微博地址：http://weibo.com/youjingbo；邮箱地址：you-jingbo@qq.com）

圣斯爸爸

亲子时间

爸爸我爱你

词曲：尤静波

演唱：尤圣斯　高歌　尤静波

（儿子）爸爸我爱你

（爸爸）爸爸也爱你

（妈妈）你为我们打拼要保重身体

（儿子）爸爸我爱你

（爸爸）爸爸也爱你

（儿子、妈妈）你辛苦的工作我最感谢你

（妈妈）你为这个家经受风风雨雨

（爸爸）能为你们遮风雨　我真的愿意

（儿子）爸爸我爱你

（爸爸）爸爸也爱你

（儿子、妈妈）你是我们生命里最重的呼吸

（儿子）爸爸我爱你

（爸爸）爸爸也爱你

（儿子、妈妈、爸爸）你（我）要为了这个家保重身体

第一篇 爱比什么都重要【0-1岁】

① 我怀着无比幸福的心情体会到了人生的终极快乐

2011 年某月某日 20 点 05 分，儿子尤圣斯在哈尔滨呱呱落地。那一刻，我怀着无比幸福的心情体会到了人生的终极快乐。

那天是个星期六，前一天晚上我陪老婆住进了妇产医院。因为是剖腹产，一早起来老婆就做了灌肠，直到生产之前都不能吃东西。从早上 7 点一直等到下午，老婆饿得眼冒金星但依然没有等到医生的传唤。晚上 6 点多，医生来到病房，说今天太晚了，万一手术出现问题没有救助保障，建议我们明天再生。

明天再生？老婆这一天不是白饿了吗？弄不好明天还得饿一天。经过协商，医生尊重了我们的选择，晚上就生。

19:42 分，亲自送老婆进了手术室。在准备离开的瞬间，我从老婆的脸上看到了紧张和畏惧的神情。几分钟之后即将在肚子上开一刀，谁不害怕？但我只能送到这里，无法陪她进去。出了手术室，我在焦急与兴奋中翘首期盼。

20 多分钟后，儿子伴随着一声啼哭"钻出"了妈妈的子宫，赤条条的来到了人间。在护士的怀中，我见到了梦寐以求的儿子，黑黑的、乖乖的，看得我心里痒痒的、酸酸的。我的眼泪噙在眼眶中不停打转，此刻心情无法形容。

　　随后，老婆缝合完毕被推出手术室，那一瞬间我觉得这个女人是世界上最伟大的女人。看着她那苍白而憔悴的面容，我心疼极了，倚在她的耳边轻轻地说了一句："儿子很好，很可爱，你放心吧。"

　　瞬间，老婆的眼泪夺眶而出。这是一股经受了剖腹惶恐后的幸福之泪。我能感觉到，此时的心情她一定比我复杂。【第1天】

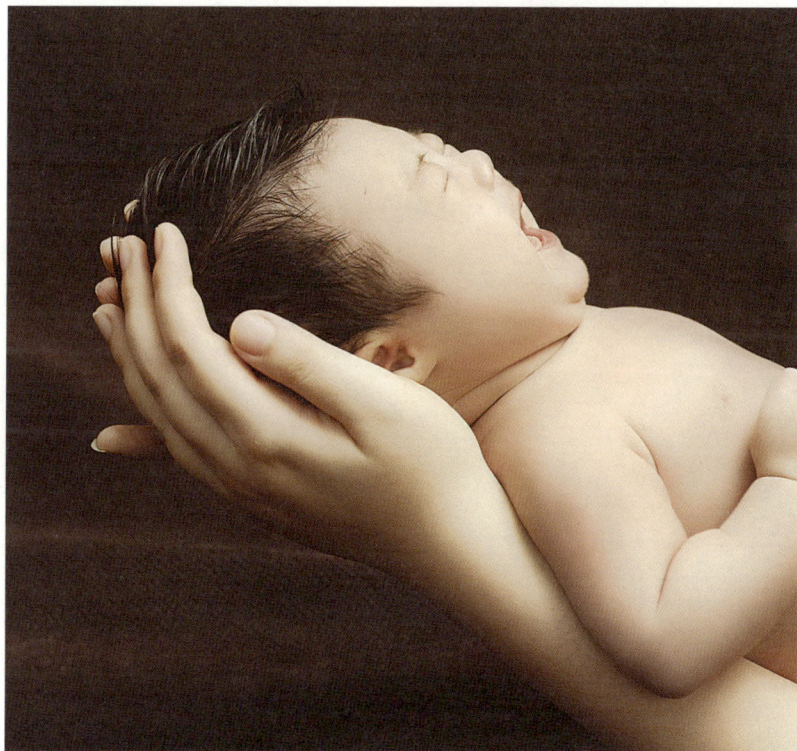

② 星星、月亮和奶瓶

我和老婆平时生活在北京，怀孕8个月时老婆回娘家哈尔滨待产，10个月还差一个星期，儿子来到了人间。为了迎接儿子的到来，我向单位请了一个星期的"产假"，连上前后两个周末，我便有了10天假期。

产后第5天，我们出院回到家。此时，小圣斯除了吃就是睡，并且还不时地在我身上留下一些黄色的印记，让我在弄得满身臭味的同时感受着当爹的快感。

喝奶是孩子的天性，不用教，天生就会。出生后一个小时，儿子就张开了小嘴，裹着奶嘴喝起了奶粉。老婆因剖腹产需要点滴消炎而无法喂食母乳，这几天就只能先喝奶粉了。

遵照医嘱，婴儿的前几天每顿应喂30毫升的奶，然后逐渐加量。可是圣斯的胃口比较大，不到一个星期他每顿就能喝掉60毫升了。医生说，婴儿没有撑坏的只有饿坏的，只要孩子能吃，就让他吃饱为止。孩子一旦饱了，你就是把奶嘴塞进他的嘴里，他都不会多吸一口。

一个星期下来，总的来讲圣斯是一个比较省事的孩子。他的睡眠很稳定也很省事，省事到每晚只醒一次，晚上10点多饱饱的喝上一顿奶，一觉就能睡到凌晨三四点，再喝一顿，便一直可以睡到天亮。

对于我，最难熬的就是凌晨要喂的这顿奶。凌晨三四点，是人最想睡觉的时候，每次我都是在熟睡中被老婆摇醒——"去冲奶。"几天下来，伴着星星、月亮和奶瓶，迷迷糊糊中我把奶粉成功灌入了孩子的肠胃。

对于我这个平时不爱熬夜的人来说，最初的前几晚的确十分难熬，但是坚持了几天，当习惯成为自然后，起夜也就不再感觉那么困难了。

此时孩子的任务就是吃和睡，而大人的任务就是照顾好孩子的吃和睡。圣斯的第一个星期吃得很好，睡得也不错，他正一步步的成长在星星、月亮和奶瓶中。每打一个哈欠，每伸一次懒腰都是他成长的印记。【第8天】

③　在虚拟的真实中感受思念的潮涌

时针在幸福人的面前一向都不吝奔跑，一个星期很快就过去了。早上我告别了老婆和儿子，怀着不舍的心情独自离开了哈尔滨，一人回到了北京。

前一晚，想到我要走，老婆哭了好几次。早上临走时老婆躲进了卫生间，我不忍心再去抱她，所以没打招呼就走了。那一刻，我才知道原来"不舍"是这个滋味。

火车徐徐驶离哈尔滨站，而我的心却以快于火车数倍的速度逆向奔跑，在奔跑中我闭上了眼睛，亲了亲儿子，搂了搂老婆，我的心里淌下了幸福的泪水。

你或许会认为我俩的感情很脆弱，但正是这种脆弱证明了我们的幸福是牢固的。我坚信，因灵魂的触动而落下的泪都是幸福的泪，在生活中我从不掩饰这种幸福。这一次，我又被幸福打湿了。

晚上回到北京后，老婆发来短信问我这两个月怎么办？我说："忍吧。"她说："你忍得了吗？"我说："忍不了也得忍啊！"我知道这个时候，她最需要我的陪伴，而我却把她们娘俩撂在了遥远的哈尔滨。内疚幻化成思念满满地溢于心间，让我的灵魂无比安稳。

她说她怕患上"产后忧郁症"。我说："你那么幸福，怎么会忧郁呢？你有一个那么可爱的儿子和那么爱你的老公，还有什么可忧郁的？放心吧老婆，你不但不会忧郁，我倒是怕你患上'产后幸福症'。如果你真的思念千里之外的老公，那就把对我的爱转给儿子吧。"

你可知道，我比你更难熬。你只思念一个人，而我则要思念两个。你在想我的时候，还可以亲亲儿子的小脸，而我却只能对着照片，在虚拟的真实中感受思念的潮涌。

好了，你也别再忧郁了，我也不再惆怅，其实我们比谁都幸福。等我熬尽这两个月，一放寒假就立刻回去与你们团聚，然后把你们接回北京。从此，我们一家人永不分开！【第10天】

④ 环境变了，温度和气息全都变了

学校一放寒假，我立即飞往哈尔滨和老婆、儿子团聚。可是一个月的寒假很快就过去了，我和老婆带着儿子坐火车回到了北京。一路上儿子很乖，睡睡醒醒，醒来就乐。我和老婆轮换着抱，比较轻松地回到了家。

不过，回京后的第1天，儿子睡得很不踏实，晚上醒了很多次，醒来就哭。原来在哈尔滨外婆家里，儿子每晚都能睡大觉，9点多睡下两三点钟醒一次，醒来喂一次奶，之后便能一觉睡到早上5点多。

回到北京，环境变了，枕头换了，身边的温度和气息全都变了，我从儿子的啼哭声中听到了惶惶不安的感觉。

面对陌生环境，啼哭是婴儿的第一反应。此时，父母应该给予孩子更多的爱和温暖，以消除他的不安与焦躁。【4个月】

⑤ 妈妈是在训我吗？

某天，因为一点小事，我和老婆争执了几句，她在客厅我在书房，两人嗓门都很大。儿子在老婆怀里，听到妈妈发出那么大的声音，他突然大哭起来，任凭老婆怎么哄都停不下来。我抱过儿子，通过一阵轻抚与安慰后，才让他慢慢地平静。然而当我把他送回妈妈的怀抱时，他却又哭了起来。

"妈妈是在训我吗?"我想,他应该是这样认为的。或许,他根本不知道发生了什么事情,只是对这个不协和的声音做出了一种直觉上的不适反应。

我突然意识到,我们的争吵已经严重影响到了儿子的情绪。如果经常这样,势必会对儿子的性格和脾气产生影响;或许这将成为孩子日后坏脾气、躁脾气形成的根源。

过了一会儿,我和老婆都恢复了平静,在心平气和的状态下,我们分析了儿子哭闹的原因,并在内心深处各自深刻地检讨了自己的冲动行为。我们约定,为了儿子的健康成长,以后一定要避免争吵,给儿子一个和谐的成长环境。【4个月】

⑥　38度8

有一次儿子发烧,烧到了38度8,整晚都没有睡觉。凌晨1点多,老婆发现儿子全身发烫,我起来给儿子烧水。喝完水,用温毛巾擦完身子也不见烧退。

这是我俩第一次遇到这种情况,心里非常焦急,但又不知该怎么办。

黎明时分,天刚微微亮,我们便带着儿子去了"妇幼保健院"。经抽血检验是病毒性感冒引起的发烧,医生说没什么问题。

回家后,我只睡了1个小时就赶去上课了。一路上,却始终挂念着儿子的病情。直到下午1点多老婆发来信息说儿子烧退了，这会儿正和她玩着，才让我悬着的心彻底放下。

那一刻我真正体会到了父母的不容易，真是不养儿不知父母恩。【5个月】

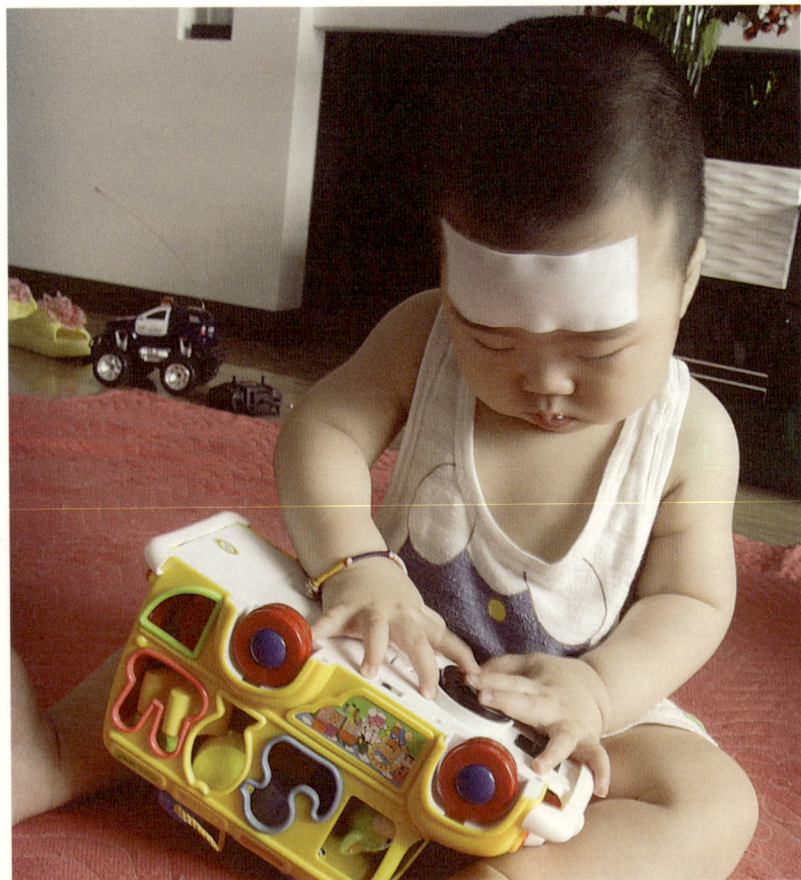

7 没有从小脆弱的孩子只有从小培养脆弱的父母

儿子从6个月开始会爬了。有天晚上，我躺在床上看书，儿子在旁边爬着玩。只听"嗵"的一声，他一头撞在了床背上，床背是木头的，我看形势不妙，立刻伸手去搓床背，一边搓一边嘴里嘀咕："不疼、不疼、不疼、不疼，你看，你疼它也疼啊，谁让你撞它的呀，还不快给它搓搓。"儿子本来都已经撇嘴要哭了，但看我一边嘀咕一边搓床，一下子被我弄得不知所措，从他瞬间发呆的眼神中可以看出，他"糊涂了"。

本来想哭的，被我这么一捣鼓，他好像把疼的事情给忘了。等他情绪基本稳定后，我一把抱起他开始搓他的额头，他也没哭。我心里明白，这么响的一声碰撞，他肯定是撞疼了，其实我也心疼，但是我们总不能让孩子受不得一点伤吧？孩子受了点小伤在并不严重的情况下，最好不要去放大事情的本质，可先转移孩子的注意力然后再进行安抚。

其实，天下的孩子都一样，这个世界上没有从小就脆弱的孩子，只有从小培养脆弱的父母。【6个月】

8 儿子摔了

下午我在办公室接到老婆打来的电话，她说："儿子摔了！"我的心头咯噔一下，好像顿时被什么东西重重的砸了一下。我按耐住焦急的情绪，压低嗓子故作稳定的问："严不严重?"

"嘴摔肿了。"

挂了电话我立刻回家。一路上我心急如焚，车开得飞快。红绿灯似乎了解我的心情，一路绿灯，从来都没有这么顺畅过。

一进门，看到老婆抱着儿子坐在地毯上，儿子的表情有点木讷，不知是受了惊吓还是没睡醒，眼神呆呆的，嘴唇肿起一大块。见到这副情景，我真是心疼极了……

老婆见我回来带着质问的语气问这问那，便委屈的哭了。看到老婆哭，我才意识到自己刚才的语气过重了。而此时我的眼泪也开始在眼眶中汪汪打转。

在这凝重的气氛中，儿子倒是宽慰起我们俩来。看到我们都闷闷不乐的样子，他却看着我俩傻傻的乐了起来。难道你感觉到了爸爸妈妈的心情? 看到儿子笑了，我那颗悬着的心终于放了下来。

这是儿子第一次摔跤，事情是这样的。下午儿子在大床上睡午觉，老婆见儿子睡着了就趁机去卫生间洗头。床的一边有他的小床挡着，但另一边是敞开的，平时儿子醒来都会哭或喊，但这次他没有出声而是在床上翻滚，直到老婆听到"咚"的一声，才知道儿子从床上摔下来了。

事后回想起来，我俩都十分后怕。晚上睡觉前，我和老婆陪儿子在床上玩的时候，试着还原儿子摔下来的情景和姿势。如果摔下来的时候头着地会怎样？如果摔下来的时候身体压在胳膊上又会怎样？真是不敢多想……

不过摔一次也好，一次小小的意外倒是为我们敲响了警钟，警示我们日后在儿子的成长过程中，安全问题容不得一点马虎。虽说在成长的路上受伤在所难免，但是当自己的孩子真正受伤时，父母又怎能不心疼呢？这或许就是成长的波折吧。

孩子在一天天成长，父母也需要成长，我们愿与儿子一起成长，用我们最真的爱给他一个快乐的童年。【7个月】

⑨ 从哪里摔倒就从哪里爬起

儿子快9个月了。这个月他长了不少本事，满屋爬是其一，能够扶着沙发站起来移步是其二，其他的小本事还有很多，比如握手、指方向等等。

会爬会站了，摔跤的问题也就来了。爬着爬着，一不小心就会摔跤，小摔常有，我们都不当一回事。前两天，儿子在爬的时候，突然脸朝下一头栽倒在地。哇的一声，嚎啕大哭。我和他妈妈看在眼里，心疼得不得了。

老婆马上要过去扶，我说："别动，让他自己起来。"我俩在旁边看着，一边提着心一边却坚持让他自己爬起来。这是儿子第一次摔得这么厉害，看我们谁都没有过去扶，他趴在地上继续嚎哭。哭了一会儿，看我们还是没有反应，他慢慢地抬起了头，一边哭一边爬了起来。我说："儿子，好样的！"这个时候老婆早已按耐不住了，一把搂过儿子抱在了怀里。有了妈妈的安抚，儿子立刻不哭了，注意力也开始转向了别的地方。之后，儿子总有大大小小的摔跤，我们每次都坚持让他自己爬起来。

孩子摔在地上，疼吗？肯定疼，好几次脸都摔红了。但是，他真的有那么疼吗？所谓疼，我认为在孩子没有受到很大伤害的时候，就应该让他从小养成承受一般疼痛的毅力。

在日常生活中，孩子摔倒了尽量让他自己爬起来，通过这个锻炼可以培养孩子自立自强、不向困难屈服的意志。从哪里摔倒就从哪里爬起，是一个非常简单的道理，但在现实中要付诸行动，则需要父母先具备承受心疼的意志。这对于每一个父母来说都是一项严峻的考验。【9个月】

⑩ 把孩子的教育托付给别人是最不负责的做法

儿子已经11个月了。小区里和儿子同龄的孩子不少，其他妈妈都在给孩子报亲子班，她们鼓动老婆也去报班。我的意见是"培训班"一律不报。现在的家长普遍存在一个共同的问题，都想把孩子的教育托付给各种培训班。其实，父母的教育比什么班都重要。

晚上，我照着儿子的布书讲故事给他听。讲到《亡羊补牢》《狐假虎威》的故事时，我一边讲一边模仿着动物的声音，同时让儿子在书中认动物并数数，儿子听得聚精会神，十分高兴。那晚我一口气给他讲了4个故事。这不比亲子班更有意义吗？

有的妈妈给孩子念《三字经》，有的让孩子记名校校名；你觉得这么小的孩子听了《三字经》就会变聪明吗？记住了哈佛、牛津以后就能上名牌大学？《三字经》这个连大人都不感兴趣的东西，那么小的孩子又怎么会喜欢呢？我觉得，如果非要报班的话，最需要教育的其实是家长。

在孩子尚未懂事之前，呀呀学语的阶段，家长最需要做的就是激发孩子的语言能力和开发孩子的想象力。让他能够在你的话语中感受到语言的生动性，体会到说话的快乐，声情并茂地讲故事，难道不比死念《三字经》有用吗？所以我认为，一切培训班都是"纸老虎"，他们除了想从家长口袋里掏钱之外，并没有我们想象中那么崇高，也没有人要求他们一定要把你的孩子教育得多好。而家长则认为，既然自己掏钱了，他们就有责任教育好你的孩子。一个培训班，他凭什么一定要教育好你的孩子？怎样才算是教育好了？如果教育不好，他会有任何损失吗？一批批孩子长大了，一批批孩子又出生，一批批孩子的家长照样会给他们继续"送钱"。你觉得，他们有义务教育好你的孩子吗？请再想一想，作为家长，你是不是更有责任和义务教育好自己的孩子？所以，把孩子的教育托付给别人，那是最不负责任的做法。别以为掏了钱便是给孩子创造了学习机会，自己就可以心安理得地撒手不管了。当然，也并不是所有的培训机构都没用，只是在社会上有太多鱼目混杂的培训班破坏了那些真正以育人为本的教育机构的好名声。既然分不清李逵还是李鬼？绕道而行不失为上策。

有的父母说，我们又不是搞这行的，我们也不会教育啊！谁天生就会教育孩子？必须不断学习啊！

孩子的成长完全取决于父母，一条路，走得是直是弯，全凭父母的指引；一张白纸，画上红点还是黑点，也全凭父母的指点。父母是孩子最好的老师，"家"就是孩子最好的学习班。【11个月】

11 成长既要顺其规律也要适时干预

儿子1岁了。最近，他不仅可以站立，还可以慢慢地走上几步了。其实，他走得挺稳的，只是胆子小，做事比较谨慎，所以总是走几步就蹲下，不敢放开脚步。

平时我们没有刻意去训练他走路，奶奶每次打电话来总让我们教他说话、教他走路，我觉得孩子的成长，还是顺其自然为好。有时候对孩子实行"助长"不但起不到帮助作用，反而会适得其反。

"助长"从某种角度看，的确可以使孩子在某个阶段比别的孩子多会一些东西，但仔细想想，早会一些东西，又有什么意义呢？最多只是满足一下父母的虚荣心罢了，看自己的孩子比别的孩子会的多、会的早，可以在人前夸耀自己孩子有多棒、多么优秀仅此而已。其实，每个孩子到了一定阶段，该会的事情自然就会了，不用教，这是人类成长的规律。早点会或晚点会，有何区别？人为的"助长"不仅帮不了孩子反而会破坏他们的成长规律，"拔苗助长"的故事大家都懂，但我们的家长有时候就是管不住自己的"手"。

当然，我所指的这些自然规律是指走路、说话这些与生俱来的本领。比如说话，孩子的语言发展大部分都来自父母的刺激，父母的日常语汇会对孩子语言发展带来很大影响。我们每天都和孩子生活在一起，大人平时说的话对孩子产生的影响比什么都大。就算你天天教他背唐诗也顶不住你在生活中习惯性的"骂街"。所以，像说话、走路这样的事情没必要教，早会、晚会迟早都会，不必太在意。但是，有些事情的确需要从小干预。

比如，圣斯的脾气很急，这让我们比较挠头，什么事情一不如愿就会大哭，但是哭一会儿就好，爱下"阵雨"，当然这也是很多孩子拥有的共性问题。

有一天，圣斯在地上尿尿，尿完后自己竟然用手在那玩，我把他抱去卫生间洗手，他就不干了，瞬间下起了"阵雨"。洗完手，我便把他抱进卧室，让他自己哭个够。开始他还大哭，哭了一会儿声音就变小了。本来就没什么大不了的事，也就是耍耍性子而已。

我看他气性已过，就给他讲道理，我知道他现在什么也听不懂，但我觉得"习惯"必须要从小养起。讲了一会儿我就问他，要不要爸爸抱？他伸出双手装出委屈的样子。看到儿子的委屈样，我一把把他搂进怀里，在我的逗乐之下，刚才生气的事情他已全然忘记。

玩了一会，我把他抱出了卧室，到了客厅一见他妈妈，却又委屈地撇起了小嘴，这是告状吗？你看，这小孩多有心眼。他妈妈哄了一会儿后，告状的小孩很快又没事了。

其实，孩子的内心最需要的是心理安慰，每当我"教训"完儿子之后，都会给他一个大大的拥抱。教训他是为了让他知道是非对错，而拥抱是让他知晓爸爸依然很爱他。我想，只要我们能够满足孩子的心理需求，让他随时得到爱与温暖，大部分孩子都是可以"驯服"的。【1岁】

亲子时间

大ipad

词曲：尤静波

演唱：尤圣斯

大 ipad　我爱玩

这里的游戏真好玩

切西瓜呀手要快

眼睛还要不停转

妈妈说　玩 ipad

一天只能玩一会

哦妈妈呀还给你

贝贝听话贝贝乖

第二篇　以爱的名义拒绝溺爱【1-2岁】

1　揉揉床背，疼不疼？

过了1周岁，孩子的变化一天一个样。从跟跟跄跄到行走自如也就一个星期的时间。我和老婆突然发现，不知不觉中儿子已经可以解放双手走得很稳了。一周前还是左倒右歪的，一周后竟然能够行走自如。所以说，那些把孩子送给老人抚养的父母，不知错过了多少孩子成长的精彩时刻。因此，我们更加坚定的认为，自己带孩子虽然辛苦但却很值。

有一天，我们一家三口在床上玩，圣斯不小心又把头撞到了床背上，自己哇哇哭了两声后，看他没什么大碍，我们也没去理他，我看我的书，他妈看她的电视。过了一会儿，只见圣斯用手轻轻地抚摸起了床背，此刻我无比欣慰的认识到，这一年的教育已在此时发挥了作用。

我们一直教育儿子，撞到别的物体要替对方着想，你疼，它也疼，是不是应该替它揉揉？所以，当儿子撞到一般物体（如桌子凳子之类）并无大碍时，我们都会先去揉那个被他撞的东西，如果不是特别疼，圣斯也会跟着来揉。这次碰撞，在我们并无引导的情况下，他居然主动去揉床背，说明之前的引导已在他的小小心灵上刻下了印记。

我们之所以对他采取这种引导，主要是为了让他学会换位思考，并且学会善良，学会宽容，学会关怀他人他物。若从小养成这个习惯，长大以后在遇事处理上岂不受用？且不遥想长大以后，往近了看，若在幼儿园撞了别的小朋友，他若能主动伸手揉抚对方，这是多么和谐的画面；若别的小朋友撞了自己，因从小有了换位思考，并有宽容和关怀的教育基础，我想小碰撞之类的小事，他也不会太过计较。长大了会怎样？我们现在无法预想，但是在孩子的心里，若能从小植入好习惯，我想这会让他受用一生。

在我们的身边，经常会看到这样的情况：孩子撞到了桌角或某个地方，家长的普遍做法都是责怪桌子，或是责打桌子以消孩子之气。这样的教育，岂不是让孩子从小就学会去责怪别人吗？一点小事就去责怪别人，这是多么可怕的一种引导方式。我们自以为这是爱护孩子，殊不知这无形中给孩子的潜意识里种下了一个不良的思维习惯。

家长的思维决定着孩子的行为，若想给孩子一个美好的未来，家长必须转变观念。没有天生不好的孩子，只有不会教育的家长。要想孩子好，不是以报多少班、花多少钱为标准，而是在于你为孩子花了多少心思，为孩子的教育花了多少时间去学习。报班很容易可是学习很枯燥。但凡能够主动学习并思考的家长，教育出来的孩子一定会比那些只会花钱报班的家长教育出来的孩子更优秀。

在这个世界上，只要你有心，人人都可以成为"教育家"——教育好你的孩子，拥有一个温馨的家。【1岁1个月】

② 别把孩子的哭太当一回事

今天儿子打疫苗，我们一早就去了医院。等待中，儿子的心情还不错，在医院光滑的大理石地面上走了许久，玩得挺开心。

等轮到他时，老婆抱着儿子，帮他解了衣服，露出胳膊，医生开始准备药水。起初，儿子还比较正常，只是有点发呆，但是听到旁边的孩子都在哭，他也忍不住哭了。几秒钟的时间，针头扎进儿子的胳膊又被抽了出去，护士流利地完成了她的套路。但这下真的疼了，儿子哭得更加厉害，我们把他抱到等候区安慰。哭声渐渐小了一些。

这个时候，老婆赶紧拿出一块饼干给儿子，有了吃的诱惑，儿子的情绪缓和了不少，一会儿就不哭了。原本当老婆从包里拿出饼干的时候我想阻止，但最终还是没拦住让饼干落入儿子之手，直到返回家中，儿子握着饼干一口都没吃，只是紧紧地握在手中。

事后我跟老婆说，以后打针再哭，不要再用东西去哄他，就让他哭一会儿。针扎在谁的胳膊上都会疼，那么小的孩子打针感到委屈，哭是很正常的事情，但是他并没有哭得十分厉害。像这种情况，让他自己哭一会儿，缓解一下情绪，应该就会没事。

当孩子哭的时候，父母若经常拿东西去哄，会给孩子造成一种心理依赖，日后只要一哭，你就得拿出东西来安慰。因此，为了让孩子在打针或遇到小痛的时候能够自行缓解情绪，我们应该任由他哭一会儿，让其从小养成自我调整情绪的能力。对于孩子，正常哭闹只是他缓解情绪的一种方式，没有什么大不了，只要情绪得到释放，哭完也就好了。

所以，我们千万别把孩子的正常哭闹太当一回事。当然，父母一定要学会分辨孩子的哭声，由病痛或生理原因引起的哭闹切莫忽视。【1岁1个月】

③　不要给孩子任何特权

每当儿子睡觉的时候，老婆就特别注意屋里的声响，不仅自己轻手轻脚地像个小偷，而且对我也是严加要求。我若不小心碰出一点声响，就会招来一束"杀戮"的眼光。当然，每次事后我们都是付之一笑，当个乐趣。但是，针对这个事情，我也有自己的看法。

孩子睡觉，固然需要安静的环境，这样便于孩子安睡，有助于大脑发育。但是，对于一些正常的声响，我觉得完全没有必要刻意回避，比如走路的声音、水龙头出水的声音、冲马桶的声音、正常说话的声音，以及生活中发出的一切正常声响。我们一定要让孩子去适应环境，而不是让环境去适应孩子。让孩子去适应日常生活中的正常声响，是孩子从小需要练就的一种本领，如果大人用违背生活常规的办法来保护孩子的睡眠环境，我认为这是特权优待。

生活中，以爱的名义给孩子特权的妈妈实在不少。我家楼下住着一对小夫妻，他们的孩子比圣斯小，由于圣斯有时会碰倒凳子踢翻椅子，偶尔还会在地上敲敲打打的发出一些不太协和的响声。楼下的小夫妻时不时的就上来找我们，让我们注意点。

有一天晚上才8点多，楼下孩子的妈妈又找了上来，说孩子刚睡着让我们小声点。我表示理解也答应她注意控制声响，但其实我根本无法控制圣斯在地板上发出声音，因为他只是个孩子，他在自己家里发出一些正常的声响，完全是一件再正常不过的事情。

但是，我可以对自己的妻子讲道理，却无权去教育别人的妻子。可我还是想跟那些喜欢施舍特权的妈妈讲一些话。小时候你可以给孩子一些你能给的特权去呵护他（她）、照顾他（她），但是长大了，他（她）作为这个社会的一份子，需要在各式各样的环境中与人交往，到那时他（她）的特权又会在哪里？因此，在孩子的成长中必须让他（她）学会适应环境，而不是让环境来适应他（她）。

其实这些都是小事，即便给了孩子特权也无大碍，但是我们若从小就给他特权，长大后他自己就需要付出很多代价，为儿时所享受的特权去买单，而且那时候的"账单"会非常昂贵。所以，在日常生活中不要给孩子任何特权，不是不爱他，而是为了使他在长大以后能够减轻"还特权"的负担，这恰恰是爱的表现。

爱孩子，很难；害孩子，很容易。爱与害，有时就在一念之间。所以，当我们想给孩子任何特权的时候，都应该想一想，衡量一下"爱"与"害"的天平。【1岁2个月】

④ 可以"帮"他解决问题但不要"替"他解决问题

有天晚上，我在客厅看电视时，突然听到儿子大叫，过去一看，他坐在自己的推车下面，腿被卡在了两个车轮之间。推车放在靠近卫生间的墙边，由于推车扶把长出车轮，扶把顶在墙上，车轮和墙之间便有了个小空间，儿子正好能够钻进去，每当他妈妈上卫生间的时候，儿子钻在这个小空间里正好能够看到她，因此他总是坐进去和妈妈"躲猫猫"。

今天又是这个情况，他钻进去和妈妈躲了一会"猫猫"，可是等到想出来的时候，腿却被卡在了两个车轮之间，左右脚都抽不出来，无法动弹了，所以大叫起来。我过去一看，发现没有危险，本想抱他出来，但突然转念一想，并没有过去抱他，只是把推车稍稍往上抬了一下，让车和地面留出了一道空隙，我说："你自己出来吧。"他看障碍已被解除，腿也能动了，唰地一下就爬了出来。

这虽然只是一件小事，其中却包含着一个大道理：我们可以

"帮"孩子解决问题，但不要"替"孩子去解决问题。之所以没把儿子直接抱出来，只是抬起了车轮，我这是在帮助他，通过我的帮助让他自己去解决碰到的问题。因为我想让他知道一个道理，以后碰到任何问题，别人可以帮助你，但没有一个人可以替你去解决问题。

作为父母，我们需要在孩子的成长过程中不断地帮助他们去解决问题，帮助他们独立成长，而不是由父母代劳，直接替他解决问题。如果每当碰到一点困难，就替他解决了，实际上并没有帮他，而是使他失去了锻炼自己解决问题的机会，久而久之，孩子就会慢慢失去自己解决问题的能力，结果便是养成强烈的依赖性，从而失去独立性。

因此，家长替孩子解决问题并不是一件好事，而是对孩子的无形伤害。我们以为这是"爱"，其实是"害"。所以，为了让我们的孩子能够独立成长，请大人们一定要手下留情。遇到问题可以"帮"，但千万不要"替"，因为在他以后的人生道路上，谁也无法替代他自己的角色。【1岁3个月】

5　陌生环境中孩子最需要的是安全感

春节，带儿子回老家过年。我的老家在浙江宁海，平时生活在北京的我们，一下子从北到南，环境和气候感觉全变了。

刚到老家的前两天，圣斯对这个陌生的环境有点不太适应。家里亲戚又多，听说孩子回来了，姑姑阿姨左邻右舍都来看孩子，每天几十号人围着圣斯轮流"观赏"，这使他无所适从，因此总是依偎在我和妈妈身边。个别亲戚开玩笑说："这孩子胆子那么小，真没用。"

其实这也不能怪孩子，如果换成你，即便是个大人，每天几十号人围着你，把你当动物园里的动物一样观赏，你紧不紧张？又是什么感觉？我十分理解儿子的心情，每当家里人一多，我就抱他过来为他解围。

过了几天，圣斯对环境慢慢熟悉了。爷爷家客厅很大，有五六十平米，姑姑们给他买了很多玩具，有音乐盒、玩具枪、皮球，还有很大的一辆电动汽车，伴随着这些玩具，圣斯每天都在客厅里跑来跑去，开心极了。但是，每当家里来人，他依然会紧张，并且会立刻变得沉默，而客人一走他又立即疯狂起来。住久了，他对环境越来越熟悉，面对陌生人的紧张感也逐渐减少了。

其实，孩子面对陌生环境最需要的是安全感。换成你，置身于一个陌生环境中，面对一批又一批不熟悉的面孔，又逗你，又抱你，有的甚至还要亲你，这种紧张和不适，你体验过吗？当然，有些孩子由于性格原因天生就不惧生人，但圣斯恰恰不是那样的性格，我想很多孩子也都不具备不惧生人的天性。所以，当孩子处于

陌生环境时，我们应该尽量给他安全感，让他慢慢的去熟悉环境，慢慢的去适应他的新世界，这跟胆大胆小没有关系。【1岁4个月】

6 超乎寻常的模仿力

圣斯1岁4个月了。这个年龄的孩子，对大人的动作、行为体现出越来越浓的兴趣，他开始喜欢模仿大人的举动。有一天，我们发现圣斯弓着腰走路，起初我还觉得挺好玩，还让他在爷爷奶奶面前表演这么走路。后来我发现，原来他是在模仿他奶奶走路。我妈腰不好，走一会儿累了就得弓着腰走路，这个动作在我们眼里已经习以为常，而圣斯却觉得这样十分好玩，于是他就开始模仿，并且在我们都未察觉的时候，他已经模仿得有模有样了。

从此事可以看出，孩子的模仿力是超乎寻常的强，当发现他是在模仿奶奶的时候，我们要求他别这么走路，但是他却依然热衷于这样的姿势。幸好，没过几日我们就回了北京，在没有"标本"的情况下，这个习惯也就自然消去了。

人说3岁前养成的习惯可以影响孩子的一生。所以，在孩子超乎寻常的模仿力面前，家长的一举一动甚为重要。平时总是听到一个说法，说老人带大的孩子，动作行为容易偏"老龄化"，以前只是听说而已，不以为然。但这次通过儿子的实例，我深深的感觉到，中国孩子的"老龄化"问题非常严重。如今，很多孩子的父母因工作繁忙，都把孩子交给老人抚养；也有一些父母，为了图自己省心也把孩子交给老人照看。这样，父母们轻松了，老人带着自己的孙子、孙女（或外孙、外孙女）也乐此不疲，但是无辜的孩子却因为父母的甩手而"染上"了老人的习惯。老人的习惯不好吗？不是不好，而是放在孩子的身上终究不是一件什么好事。

我和圣斯他妈妈两个人自己带孩子，没有老人在身边帮忙，平时的确很累，但回头想想，能用我们的劳累换来孩子的健康成长，用年轻人的行为和观念在孩子超乎寻常的模仿力面前做"标本"，再累也值得。【1岁4个月】

⑦　宠，坏了孩子

春节在老家住了将近一个月，家里人多，除了爷爷奶奶，圣斯还有三个姑姑，我是家中老小，爷爷奶奶和姑姑们对圣斯是宠爱有加。每个人下班回来，都要抱抱圣斯，为了换取他的开心，大家想尽办法去讨好他。

平时在北京的家里我们都不抱他，而在老家，你换来我换去，一天到晚总有人抢着抱；平时在北京我们也不惯他，他耍性子，要哭便哭，哭累了自己停下来。但在老家，老人听不得孩子哭，只要孩子一哭，他奶奶便首当其冲，哄个没完，还命令我们别弄哭他。一个月下来，圣斯享受着小皇帝般的待遇。

待遇好了，脾气猛长，一不顺心就耍性子哭闹。尤其是玩手机，在北京的时候圣斯就对手机情有独钟，但我们轻易不让他玩，一是手机有辐射，二是手机太脏，三是老玩手机对视力不好。回了老家，姑姑、姑父们每人都有两个手机，这下可好，一下勾起了圣斯对手机的"旧瘾"，只要谁让他玩手机他就跟谁好，让谁抱，因此，姑姑们都抢着给他手机玩，最后圣斯玩手机都玩出了经验，差的手机都不玩，专挑好手机。他姐姐（我外甥女）有两个手机，一个是普通的国产手机，一个是iphone5，给他国产的他不要，总是盯着iphone5，不给就哭，姑姑见状就拿"三星"来哄，小东西早已学会了分辨好坏，"三星"也不差，舍了iphone换来"三星"，便也开心了。

总之，一个月下来，圣斯被宠坏了，以致回到北京的前几天，他还无法摆脱被宠的优越感，总是伸手要我和他妈妈抱，不给他想要的东西就开始哭闹。我们都知道，"失宠"是一件很难受的事情，但是为了唤回儿子的"挫折意识"，我们必须得让他"失宠"。

于是，我们开始实行"失宠计划"。有一次他又因为一点小事开始哭闹，这要是换在老家，早就一堆人围上来"解救"他了，但是回到了北京，家里就我们三口人，我和他妈商量好了，任凭他哭，绝不心软。他自己哇哇地哭了一通，看我们没反应，继续哭。妈妈坐在一边，看他哭得满脸花花的，就伸手给他擦了一下眼泪，本来已经逐渐变小的哭声，被他妈妈这一擦"雷声"反起。看到了吧？这就是孩子的"心眼"。他会观察大人的动作和表情，然后决定是继续哭还是停。

识破他的招数后，我们统一了意见，决定不再理他。自己哭没人理是一件很没意思的事情，哭了一会儿，他便停了下来。我们看他不哭了，随即转回了温和的态度。他看我们的态度缓和了，就委屈的伸出双手，示意要抱。此时，他妈妈一把搂住了他，这一抱才是真正的爱！【1岁4个月】

⑧　想让孩子顺着你，你先应该顺着他

这几天我们开始训练圣斯用坐便尿尿，我们把坐便放在一个固定的位置，每次尿尿的时候就把他抱到那个地方，让他坐在自己的小马桶上"尿花花"。

晚饭后，他玩的正开心，但离上一次尿尿时间已经间隔了挺长时间，该尿尿了。我走到马桶边让他过来尿尿，他根本不理我，继续沉浸在自己的玩乐世界中。我想，这个时候要是把他硬抱过来，不仅会坏了他的"雅兴"，可能还会引起他的反抗。此时，我看他趴在茶几下面，好像在找什么东西，不一会捡出一个空茶叶罐，拿在手里玩，很开心的样子。

此时他的注意力完全投入在了这个"新玩具"上，根本不理会我跟他说的话。我突然想到一个办法，就说："圣斯过来，把茶叶罐给爸爸，爸爸跟你一起玩。"这会他好像听懂了我的话，很开心的跑了过来，把茶叶罐塞到了我的手里。我拿过茶叶罐，心想"我得跟他玩一会儿"，否则不就"骗人"了吗。于是，我把茶叶罐的盖子打开，用手钻进罐子里，他对我的这个玩法表现出了极大的兴趣，乐呵呵的跟在我的身边看我表演。随后，我又把罐子套在他的手上，这下可把他乐坏了。就这么一个小小的游戏，却把他逗得开心坏了。我看时机成熟了，随即就把他抱上了小马桶，他便乖乖的尿了。

对于孩子，大人若总是强迫他去做事，只会引来他的逆反。如果你想让孩子做一件事情，而他却沉浸于另一件事情上的时候，最好能够先参与到他所沉浸的事情中去，顺着他的兴趣先"打入敌人内部"，当他跟你融为一片，顺心畅意的时候，你再让他做什么，你觉得他还会反抗吗？【1岁4个月】

⑨ 环境与情绪

圣斯从老家宁海回到北京，刚回来那几天，他的情绪有点烦躁，总想让我们抱他，一不顺心就哭闹。刚开始我们觉得很奇怪，回老家之前圣斯一直很听话，在家里基本上都是自己玩，而且也很少哭闹，怎么回家过了个春节，脾气突然就变了？

　　我开始观察他的情绪，发现他不是烦躁而是不安。因为在老家住了一个月，他已经慢慢的适应了那个环境，家里有很多人跟他玩，爷爷奶奶和姑姑们每天都以他为中心，全都围着他转。回到北京之后，环境突然变了，虽然这是他平时生活的地方，但对于1岁多点的孩子来说，一个月的时间足以把原来的环境忘掉。所以回到北京，他对这个家的环境有点生疏了，身边只剩下了爸爸和妈妈，很多要求都得不到满足，"失宠"的感觉让他一时难以适应。所以，他总是在寻求关注，希望我们能够经常抱他。经过一段时间的调整，一个星期之后，圣斯又慢慢的适应了这个环境，情绪也恢复了稳定。

　　刚回老家的时候也是这种情况。头几天，面对一个完全陌生的新环境，圣斯的情绪也不稳定，晚上睡觉也总是会小声哭泣，睡不安稳。别说是孩子了，就连我自己都有点难以适应。老家是我从小长大的地方，但因久居北京很少回家，每次回去我都需要几天时间的调整才能适应，更何况是一个1岁多的孩子。

　　所以，面对孩子的不安情绪，在没有摸清孩子心理的情况下，我们不要一味的以自我的主观判断去看待孩子的问题，或责怪孩子的哭闹，而忽略了客观环境的变化。如果进行换位思考，若将你置身于一个陌生的环境中生活一段时间，你的情绪，安否？【1岁5个月】

10 做好榜样是义务也是责任

圣斯1岁5个月了。近一个月来，他的模仿力越来越强，我经常在不经意中发现他的新本领。

有天我下班回家，一进家门圣斯就跑过来，扑通一声跪在了我的面前。我没太在意，只是觉得有点好玩。第二天回家，他又如此。我还以为昨天的跪拜是个偶然行为，但连续两天行此大礼，我才发现他是有意识的。

"谁教他的？"我问老婆。老婆说没人教过，可能是他自己从电视上学的吧。我想了一下，这应该是"清装剧"的动作，跪下之后

还双手伏地做出了一个跪拜状。我开玩笑的对儿子说：拜天拜地拜父母，你拜爸爸也就罢了，说明你是个好孩子，要是出去了可别乱拜啊！

1岁以后，孩子的模仿力日益加强，父母的一举一动他都看在眼里，家里有什么样的父母就能影响出什么样的孩子，如果你不想让孩子染上一身坏习惯，那就一定要以身作则，注意自己的言行，给孩子做出好的榜样。

为了培养圣斯的阅读习惯，几个月前我们就开始给他讲故事。现在他已经养成了习惯，每天临睡前都要求我（或妈妈）给他讲几个睡前故事。为了进一步激发他对图书的兴趣，我们给他买了好几套儿童故事书，他非常喜欢，每天都会不时地自己翻阅。有时出门，手里也要拽一本书，不管出去多久，回到家里这本书依然还在手中牢牢地拽着，从不扔掉。看得出来，圣斯已经对书产生了浓厚兴趣。

父母的示范会对孩子的习惯产生巨大影响。为了给儿子做好示范，我和他妈妈约定，每天晚上尽量找一个时间，关掉电视，大家坐在一起看一会儿书，哪怕是半个小时，甚至十分钟也好。如果我们能让孩子从小养成手里拿书的习惯，长大还用担心他不爱学习吗？

孩子的模仿力是超乎寻常的强，你能想到的，他做得出来；你

想不到的，他也做得出来。所以，为了孩子的健康成长，我们一定要为孩子做好榜样。做好榜样，是义务也是责任。【1岁5个月】

11　"别动"与自我检讨

圣斯过了1岁之后，好奇心日益加强，他开始热衷于探索身边的新鲜事物，家里的每一个角落都成了他探索的对象。尤其是厨房，锅碗瓢盆铲子刀具，他对这一切都充满好奇；从垃圾桶里捡点东西，然后再放到嘴里尝尝味道；拖地的时候，趁我不注意，一手伸进脏水里来回拨弄；上完卫生间，刚冲了马桶，他随后就把小手伸进水里；桌子上的杯子，只要他能够得着的，保准给你来个"五马分尸"。这些情况是孩子成长中每个家长都要面对的事情。随着孩子好奇心的萌生，他会把一个整整齐齐的家折腾得天翻地覆。

在圣斯刚出生的时候，我就和老婆约定，只要没有危险，就让孩子自由折腾，不去管他。但是，现在他真的开始折腾了，我却违背了当初的誓约。每当孩子用手去够我的杯子时，当他推开厨房的橱柜握起菜刀时，当他把手伸进拖了地的脏水中时，当他跑到厨房虎视眈眈的盯着垃圾桶时，我总会情不自禁地发出一个指令——"别动"。

这两个字说多了，我却发现圣斯每次想干什么事情之前，总会先看我的表情。我开始认识到，自己的指令已经对他的自由意识产生了干扰，对他的"探索精神"产生了"打击"。

不是说好的吗？只要没有危险，就让孩子自由玩。如果把没有危险作为标准的话，到垃圾桶里捡垃圾，在脏水中洗手，到桌子上够杯子，这都没有危险啊，怎么就都不行了呢？对此，我表示深深自责，由于我的喝止，使孩子的行为自由受到了干涉，从而对他的"探索精神"产生了负面影响。因此，我要向儿子进行深刻的检讨：请原谅爸爸对你的探索行为进行的干扰。爸爸保证，在往后的日子里，尽量做到少喝止，少说"别动"。

当然，垃圾若真的放到了嘴里，菜刀若真的握在了手中，洗了脏水的小手若真的含到了口中，家长确实很难做到不管不顾。事后，我做了反思。这些行为的确都存在危机，但是当孩子特别有兴趣地想去探索这些事情的时候，我们能否改变一下阻止的方式？

对于孩子的好奇心，"别动"并不是最好的阻止方式。既要让他动，但又要把危险扼杀在萌芽中，让他尽可能在安全的环境下进行发现与探索，唯一的办法就是家长付出十二分的精力对他的行为进行观察与监督，除了刀具之类高度危险的东西之外，对于那些仅仅会造成脏与乱的行为，尽量不要阻止。【1岁5个月】

⑫　寓教于乐，事半功倍

每晚睡觉前，我都要给儿子讲故事，今天给他讲了《小红帽》

的故事。故事讲到小红帽问扮成奶奶的大灰狼："奶奶，奶奶，你的嘴巴怎么那么大呀？"我便问儿子，嘴巴在哪里？他就把手指向了嘴巴。"奶奶，奶奶，你的手怎么那么大呀？"我再问，手在哪里？儿子又把手伸了出来。随后，我又连续追问，眼睛在哪里？鼻子在哪里？牙齿在哪里？舌头在哪里？他都一一地指了出来。

我们从来都没有刻意教过他这些，他是怎么知道的？其实，讲故事是最好的教育。儿子最爱听《木偶奇遇记》，木偶匹诺曹因为说谎，鼻子嗖的一下就变长了，每次讲到这里，儿子都会跟着我捏鼻子，然后做变长的动作。可能就是因为这样，他便记住了这是鼻子。

他还喜欢用手去抓我的牙刷，然后把牙刷放在牙齿上，学我刷牙的样子。慢慢的他就记住了，那叫牙齿。

妈妈跟他玩游戏时，双手捏着耳朵，然后摇头唱歌，儿子也跟着学、跟着做，自然也就记住了那叫耳朵。

其实，"玩"是最好的"教"，俗话说"寓教于乐"就是这个道理。我们完全没有必要对着一堆卡片，指着那些抽象的图画，告诉孩子这是耳朵，这是鼻子，那是多么无趣的事情。讲故事，玩游戏，既能培养孩子的兴趣，还能让他参与其中，寓教于乐，事半功倍。【1岁6个月】

13　每天的"玩饭"时间

　　1岁多点，圣斯就喜欢自己拿勺拨弄饭菜了。自从发现他的这个兴趣后，我们特地给他买了一个小塑料碗，这个碗能够吸在饭桌上，不易滑动。吃饭的时候便给他勺子，在碗里盛点饭菜，随后让他自己玩。几个月下来，他越来越喜欢自己吃饭了。但每次吃完之后，他的饭衣兜里都会落满残羹，桌上、地上撒得四处都是饭菜。

　　起初，我不太适应这样的"脏乱差"，但是为了培养儿子的兴趣，鼓励他自己吃饭，我和他妈都忍了。这个时候我们基本上就把他当作一个"原始人"，他爱怎么玩就怎么玩吧，满地残羹大不了饭后再擦。

　　就这样吃了三四个月后，有天我突然发现儿子已经能够比较顺利地把饭菜送进嘴里了。晚饭吃的是面条，面条里有青菜和胡萝卜，汤汤水水的比较好舀。妈妈先喂他吃了一碗，基本吃饱之后，他的"玩饭"时间便开始了。圣斯拿着勺子，先在碗里舀一勺然后往嘴里送，一勺一勺地有模有样，并且姿势基本正确，但有时候也会反着拿，不过他可不管正反，也不管勺里有没有饭菜，反正舀一下就往嘴里送。

一般情况下，自己玩个 10 来分钟，兴趣就淡了。这个时候，我会把他抱离饭桌，然后收拾残局。每次看我收拾，他也要参与，趴在地上跟我一起"抓"那些掉在地上的饭菜。这个脏啊，活像一个邋遢大王。

很多孩子都不爱吃饭，尤其是自己吃饭更困难。其实，想让孩子吃饭并没那么难，只要你能引起他对这件事情的兴趣，让事情变得好玩，他自然也就喜欢了。现阶段，圣斯已经比较喜欢自己吃饭了，有时候妈妈要喂他都不让，张罗着要自己拿勺。这么小就让他自己吃饭，我们的目的仅仅是为了让他喜欢上吃饭这件事情，享受

这个过程，真正能够吃进多少并不是重点。

只"玩饭"不吃进去，那怎么行呢？这是很多家长都担心的问题。你让他"玩饭"，让他开心，让他对吃饭产生兴趣。你想想，如果是你感兴趣的事情，自己还会拒绝吗？没有了抗拒心理，趁他"玩饭"的时候，你再拿一个勺，一边玩一边喂，这饭不就吃进去了吗？

对待这些"小人"，得讲策略！【1岁6个月】

⑭　让他哭一会儿

周末的晚上不想做饭，一家三口去吃韩国菜。到了菜馆，我们本想坐在榻上吃，但儿子不喜欢，于是就选了一个靠墙的座位。

这家饭店没有儿童座椅，圣斯只好坐在自己的推椅上吃。坐了一会儿，他便要起来坐到妈妈旁边的凳子上去。然而坐在凳子上，他却又不老实，总是站起来手舞足蹈的，高兴得有点过头。

这显然不是吃饭的样子，不但影响我们自己吃饭，而且还影响邻桌。于是就把他又抱回了推椅。但还没等我放稳，他就开始闹，一边打挺一边喊叫，并且我越哄他越闹，最后还哭了起来。

看来"局势"要失控，再这样哭闹下去，一屋子的人还怎么吃饭？我实在忍不了他那随心所欲的脾气，于是一把抱起推椅，将他拎到了门口，跟他说，我带你去外面冷静冷静。

他看我要整治他，闭着眼睛就嚎啕大哭。我顺手拉来一把椅子，坐在他的面前，一句话也不说，就这样看着他。哭了大概一分多钟，感觉好像没什么效果，而且就我一个人看着他哭，他妈妈也没跟出来，也就停了。结果"耍驴"失败，脸上挂着泪珠，表现出委屈的模样。

我看他不哭了，才跟他说："不哭了吧？好吧，那我们回去吧。"

回到餐桌旁，他老老实实的坐在自己的推椅上，似乎早已把刚才"耍驴"的那茬事情给忘了。妈妈喂他吃饭，瞬间进入良好的就餐状态。

孩子嘛，总有心情不爽的时候，不爽就让他哭一会儿，哭爽了也就好了。其实，大人也一样，不爽的时候，用各种方式，只要把内心的压抑释放出来就没事了。对待孩子，用对待大人的心理去对待他，永远不会错。

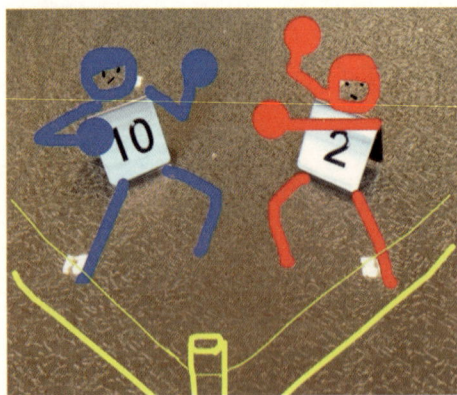

哭，怕什么呢？必要的时候就让他哭一会儿。

【1岁6个月】

亲子时间

玩手机

词曲：尤静波

演唱：高歌

有个小孩在撒娇

撒起娇来哇哇叫

不听妈妈来劝说

一心想把手机要

拿到手机哈哈笑

玩着游戏呱呱叫

小眼眯眯要睡觉

捧着手机睡着了

15 为了孩子必须理性

我和老婆很少吵架，自从她怀孕之后，就更不敢惹她了。但是有天我们却小吵了一架。

晚饭后，我看书，他妈妈在看电视剧。平时每到晚上8点多，儿子就会心神不宁小哭小闹，找妈妈。今天也不例外，8点过后他又开始不安起来。但此时我看书看得正起劲，他妈妈也正沉浸在电视剧的情节中，一时都没有去搭理这个小东西。

他看我们不理他，便开始哇哇大哭起来，哭得人心烦意乱。鉴于他最近比较娇气，数气并发，于是就把他抱进卧室训了一顿。被我这么一训，他却哭得更厉害了，我看这不是办法，便又把他抱回客厅，一边哄一边给他讲故事，才让他的情绪慢慢恢复了平静。

事后，我对自己的做法感到十分愧疚。我分析，儿子哭闹，主要是因为他得不到我们的关注和重视，得不到安全感，才会用哭闹的方式想引起我们的重视。可是这一哭，不但没有引来重视，反而被我训了一顿。于情于理我都觉得，自己的这个做法需要检讨。所以，我从内心深处向儿子道歉。

他妈妈见我无理训斥儿子，心里很火；而我嫌她只顾自己看电视不顾儿子也满腹气愤。于是两人便开始了"拉锯战"，拌起嘴来。

到了孩子睡觉的时候，他妈依然还在执着的与我争辩，听到妈妈的争辩声，儿子哭得更厉害了。起初，我也是当仁不让，觉得自己很无辜。但是，我坚持不在孩子面前吵架的原则，压住了我的火气，站在一边只听不说。儿子的情绪也稍微得到一点平复。

他妈妈是个"直肠子"，是一个心里有话不吐不快的人，火气一旦上来，就必须倾腹而吐。并且越说越委屈，随即就哭了起来。儿子见妈妈哭了，他也哇的一声大哭起来。

这可怎么办？两人都哭了。我抱儿子到客厅去安慰，但是儿子恋妈，任我怎样安慰都不行，挣扎着要去找妈妈。我又把儿子还给了他妈妈，儿子趴在妈妈肩上，表现出委屈的样子，便也不哭了。

因为我们争吵的声音太大，看得出来，儿子的内心十分焦虑不安，甚至产生了惶恐。

不是说好不在孩子面前吵架的吗？怎么还是没有控制住。不知道这次吵架会不会对孩子的内心产生影响？但我知道，如果家里经常这么吵架，毫无疑问，孩子的内心肯定受伤。胆怯、畏惧、自卑，影响极坏！

道理都明白，但是气上心头，就是控制不了。我想，再大的气，为了孩子，我们也要忍住。等孩子睡了再"算账"也不迟，何必非要逞那一时之快呢？

为了孩子，我们都需要理性一点，给孩子一个和谐的家庭环境，比什么教育都重要。我自己就是在一个不太和谐的环境中长大的孩子，小时候爸爸妈妈经常吵架，因为亲身体验过所以很明白，父母吵架对于孩子身心的折磨。

为了孩子，我们以后争辩的声音能否小一点？两个人必须配合，因为一个人，声音是大不起来的。

为了孩子，我们一定要创造一个和谐的家庭环境。为了孩子，我们必须理性，必须控制，因为这是做家长的一项基本责任。【1岁6个月】

16　一次反面体验胜过N个道理

有次准备晚饭的时候，儿子跑过来想拿我手里正在扒的蒜去玩，起初我不让，他就嬉皮笑脸的从我手里抢。

我想想，反正蒜也没什么危险，就给了他一瓣。他拿着蒜很高兴，左看右看，随即放进了嘴里，轻轻地咬了一口。

从他的表情可以看得出来，被辣到了。他皱着眉头，立即把蒜从嘴里抠出来，扔进了垃圾桶。看到这个样子，我又想继续逗逗他，于是从垃圾桶里把蒜捡了出来还给他，他不要，我就硬要塞给他，还说："这是你自己要的，拿着，不准扔"。他撒腿就跑，我便在后面追，他边跑边乐，说什么都不要了。

接着我又去扒蒜。由于之前尝到了辣头，他对这个蒜便不再感兴趣了。

有时候，讲道理不如亲自体验。让他尝到不想尝到的后果，这比讲一大堆道理有用得多。当然，这么做的前提是要保证孩子的绝对安全。比如：花有刺，他要摸，你就让他摸；东西烫（当然不是特别烫的那种），他要抓，你就让他抓；不伤筋不动骨的，尽管让他去体验。听到的不如看到的，看到的不如触到的，一次触碰体验远比唠叨有用。

孩子好动多叛逆，有时候你越不让他做什么，他就越想做。只要没有太大危险，就让孩子大胆体验吧！一次反面体验，胜过Ｎ个道理。【1岁6个月】

17　快乐的小鼓手

圣斯1岁半了。最近我发现他喜欢拿玩具棒敲东西，似乎对敲击事物产生了兴趣，于是我给他买了一只非洲鼓。

圣斯对这个新玩具表现出了浓厚的兴趣。刚买回来的时候，他只是好奇，仅仅是在鼓面上摸摸而已。我让他用力拍击，他按照我的示范抬起小手用力一拍，却因不得要领，拍下之后小手像沾了胶一样地贴在鼓面上。我看这样拍不响，就传授要领给他。首先让他将小手放松，碰到鼓面之后再迅速弹起，因为只有获得鼓体共振后，才能发出清脆的响声。

起初几天他依然不得要领。为了让他保持对这个新玩具的兴趣，我没有强求他专门练习而是随他兴趣想拍就拍。平日里，他有了兴趣，就跑到鼓边扑通扑通地拍几下，持续不了太久，只是一种玩乐而已。

此前我早就想买一只非洲鼓玩玩，但作为计划一直没有实施。现在借着儿子的名义买了手鼓，以至于我对手鼓的兴趣比儿子更大。没事的时候就经常在那拍击练习，每次见我练鼓儿子都会跑过来站在一边观看。有时候看得手痒了，也会伸出小手来跟我合奏，实则是捣乱。

就这样在不经意间我发现圣斯已经掌握了要领，小手在拍击鼓面后已经能够自然回弹了。他看我平时都是双手交叉拍击，慢慢地也学会了双手拍击。有时候兴致来了，闭着眼睛摇头晃脑地在那一顿胡拍并自我陶醉着。

每次看他陶醉的样子，我便称他为——快乐的小鼓手。

自从学会了胡拍，他对手鼓的兴趣也越来越大。于是我开始引导他跟我合奏，我弹吉他的时候就让他打鼓。每次我都会弹一些比较轻快的歌曲，让他在动感的节奏中寻找音乐的律动，这就是我和儿子最初的合奏。

其实，我买鼓给他并不是想让他成为鼓手，只是想给他一个从小接触乐器的机会。对于不到2岁的孩子而言，打击乐器是最好的玩具，而非洲鼓只需用双手拍击，最易上手，最易入门，没有音高，只有节奏，不管你怎么拍都是对的。所以，在这一年多的时间里，我们爷俩合作了多首歌曲，一般都是我弹琴他打鼓，他妈妈也不闲着负责录像。

我和儿子的合奏成了家庭纪录片的一个重要组成部分。每次在回看录像的过程中，我发现儿子的表情总是那么快乐、那么投入。

玩并快乐着，这就是我给他买乐器的主要目的。

你是不是也想给孩子买一个手鼓？好，那我在这里就给大家介绍下非洲鼓的一些基本常识，供大家参考。

打击乐是世界上最古老的乐器，而手鼓则是最具代表性的打击乐器。非洲鼓，原是非洲的民间传统乐器，后来在全世界流行。

非洲鼓拥有一个空心鼓体，上面蒙有一层兽皮。用手拍击鼓面发声，拍击不同部位音色有别，可以发出高、中、低三种声音。非洲鼓可以用作独奏，也可以和其他乐器合奏。演奏时，可以用挂绳悬挂在脖子上，也可放在地上夹在双腿中间演奏。若放在地上演奏时，需将鼓体略倾斜以保持共振。

一般常见的非洲鼓有8寸、10寸、12寸的，也有4寸和6寸的小鼓。我给儿子买的是12寸的，不过大家可以根据自己或孩子的喜好进行挑选。之所以买了个比较大的尺寸，是因为我有私心，自己也想玩玩。

非洲鼓的价格从两三百元到几千元不等，我给儿子买的是千元的价位。之所以会有这么大的价格差别，是因为便宜的非洲鼓鼓体一般都是木条拼接的，而较贵的非洲鼓一般都是整木掏空的。拼接的手鼓和整木掏空的手鼓，鼓腔的强度、密度和声音反射条件都不一样，整木掏空的自然要比木条拼接的好得多。

如果你对音色没有太高要求的话，买个几百块钱的鼓就足够孩子玩了。如果家长也想一起参与，在尺寸上我建议买个大一点的，至少也要12寸。否则当你的双手同时落在鼓面上时就会油生一种憋屈感。

买鼓的时候，如果你能亲临琴行去挑选是最好的，这样你可以亲自感受音色和尺寸的不同，因为看到的永远比听到的更可靠。倘若没有条件到现场挑选也没关系，现在网购非常发达，网上一搜"非洲鼓"，琳琅满目、应有尽有。此时，我刚刚给出的建议或许就可以成为你的参考。

好了，赶紧行动吧！花个几百元给孩子买件最易上手的乐器当玩具，还等什么呢？【1岁6个月】

18　拥抱是最好的安慰

圣斯又摔了，一直哭，哭得很厉害，怎样哄都没用。

刚开始我以为他是在耍性子，不一会儿嘴唇肿了，看样子这次是真的摔疼了。他搂着妈妈的脖子，不让我碰。过了一会儿，我看他哭声小了一点，想过去安慰一下，他却又哇哇大哭起来。看他委屈的样子，实在心疼。

虽然心疼，但我们却没有去过分夸大这件事，只是让他哭。妈妈抱着他进了卧室，本想哄他睡觉，但他不睡，一直哭。大约半个小时后，我在客厅突然听到他在屋里咯咯咯的笑声，原来是他妈妈把他逗乐了。此时虽然脸上还挂着一丝委屈，但情绪已基本稳定。过了一会儿，妈妈抱着他坐在摇椅上，在摇摇晃晃中睡着了。

其实，孩子在受伤的时候，最需要的是情绪上的释放。每个人都一样，刚受伤的时候，委屈和疼痛加在一起，瞬间积成满肚怨愤，这个时候谁能平静？尤其是小孩，他们还没有自控能力，也无法分辨事情的是非缘由，遇到伤害，唯一的释放就是哭。因此，这个时候，做家长的千万不要吝惜孩子的泪水，把心疼藏在心里自己疼去。最好的办法就是让他哭，让他痛痛快快的大哭一场，爱哭多久就哭多久，哭完之后肯定没事。

有些家长，看到孩子一受伤就没完没了的哄，然后拿他摔倒的地板出气，以为这样能够消除孩子的气愤。其实不然，这属于过分关注，过分关注只会夸大事实，只会助长孩子的负面情绪。但是，在孩子受伤时也不能不哄，如果过分冷淡或漠视，会使孩子的内心受到伤害，他们会认为爸爸妈妈不爱他了，由此加大哭声来引起家长的关注。

碰到这种情况，我们只要紧紧地抱住孩子，给他最大的身体安慰，用身体告诉他，爸爸妈妈在他受伤的时候，是多么疼他、多么

爱他、多么关心他，用肢体语言表现出对他的爱就可以了。此时，不需要更多语言，拥抱是最好的安慰。【1岁7个月】

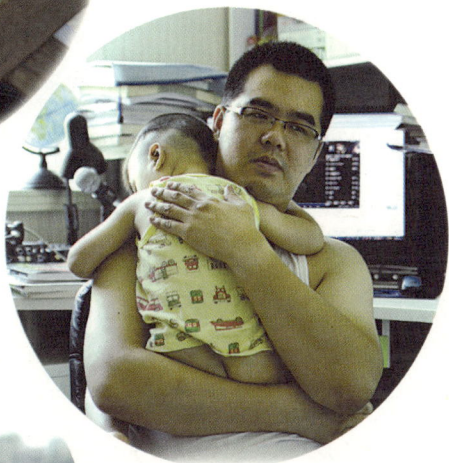

19 断奶记

圣斯 1 岁半了，却一直还没断奶。虽然他妈妈已经没有多少奶水可以喂他，但圣斯好像也并不在乎奶水多少，吸奶只是变成了一种习惯。

于是，我们决定给他断奶。

本来每晚睡觉都是他妈妈拍着睡，现在换成了我。每天的睡前讲故事已成惯例，原来是我给他讲，讲完之后和我说再见，由他妈妈来拍他睡觉。现在换成妈妈给他讲，讲完之后，我来拍他睡。开始的前几天，每当他妈妈讲完故事，卧室门一关，他就开始哭。所以每次我都是把他紧紧地搂在怀里，给他唱《摇篮曲》。歌声一起，哭声即止。看样子，从胎教开始的《摇篮曲》在这个时候起了作用。我唱着歌，摸着他的头，一边唱一边拍，不一会儿就睡着了。

前三天都是这样，妈妈讲完故事要走的时候，他都会哭。而我都是用《摇篮曲》救场。到了第四天，他开始有点习惯了，妈妈走的时候，我说："跟妈妈再见"。他挥挥小手，嘴里说着 bye-bye。看到这个情形，我立即转移他的注意力，说："爸爸给你唱歌好不好？"他说好。就这样慢慢地圣斯习惯了我的陪伴。一个星期之后，对于吃奶的事情，他已经基本忘掉。

习惯了我的陪伴，我俩的交流变得更加默契了。每天刚睡下时，他都会瞪着眼睛没有睡意。一般我都是给他唱歌，让他的情绪先得到稳定，然后再跟他说："把眼睛闭上，好不好？"他说："嗯"。他会紧紧地闭着眼睛，表情十分夸张，每次都看得我想笑。有时他也会偷偷地睁开眼睛，但每次都被我的大手一把蒙住，随后我便一边唱歌一边拍，慢慢地他就在我的歌声中安然入睡了。

本以为断奶会很难，但事实证明圣斯断奶非常顺利。断奶成功!【1岁7个月】

20 保护好孩子的内心世界

周末上午，我和老婆在看电视，圣斯自己在一边玩。前一晚吃剩下的四个红枣装在铁盆里，他拿着盆子很是开心，一会儿把红枣拿出来放在地上，一会儿又把它们装回盆里。我随手递给他一个小碗，他又把枣从铁盆"转移"到小碗，来来回回地不厌其烦。我在一旁看着，拿手机拍下了全过程，足足十多分钟，如此专注，十分认真。

我无法猜测此时儿子的心里在想什么，但是我能感觉到，他很开心。为什么在大人眼里毫无意义的事情，孩子却能玩得如此快乐？或许这就是纯真的含义吧。

看到儿子对一件事情如此专注，真的不忍心去打断他。所以我便一直看着，最后是因为手机视频的10分钟拍摄期限到了，才自动停下。回看时，儿子被视频吸引，方才走出了他的世界。

我能感觉到，儿子的想象力和创造力此时已经萌芽，他开始喜欢沉浸在自己的世界中，独立地、自由地去完成自己想做的事情。

这个时候，做父母的只需要静静地陪伴在孩子身边，看着他、关注他就够了。或者参与到他的"无聊"中去，但千万不要自以为是地随便打断孩子的快乐。

保护好孩子的内心世界就等于保护了孩子的想象力，这比背多少唐诗、学多少算数都更重要。【1岁7个月】

21 让孩子积极参与家庭劳动

下班回家，看到圣斯光着小屁股，在沙发旁尿了。我说："圣斯，去把拖把拿来，自己把尿拖了。"他便屁颠屁颠地去了卫生间，用一只手拎来了拖把，随后继续用一只手，像模像样地在那擦地。其实，地上的尿水都被他踩在了脚下，真正被擦掉的没有多少。

而这个时候我让他自己擦地，一是为了锻炼他参与劳动的积极性；二是想让他知道，自己制造的麻烦要自己解决；三是可以借此培养他的自信心——他也能够像大人一样干活，被大人所重视的自信心。其实，让孩子参与家庭劳动，目的不在于真正能干多少活，而是为了从小培养他的意识和能力。

有时候，我们经常会看到这样的情景，当孩子希望参与大人的劳动或想帮助父母做点事情的时候，家长就会阻止，诸如说一些

"你别捣乱，越帮越忙"之类的话，从而打消了孩子的积极性，扼杀了孩子的能动性。

　　碰到这种情况，家长千万不要因为他会踩上自己的尿，或因此造成更大的麻烦而阻止他的行为，只要没有危险，不会受到伤害，应该让孩子尽情地发挥他们的能动性，从小养成主动、积极地参与劳动的习惯，养成自己解决问题的习惯，这些习惯的养成对于他的一生百益无害。

　　大家想想，从小养成一个好习惯，比起弄乱屋子、弄脏鞋子，哪个更重要？【1岁7个月】

✉ 擦擦床上的尿

周末，难得赖个床，可圣斯却雷打不动地7点就醒了。平时上班我都是7点半起床，他先醒我随后。今天，他醒了自己在床上玩，我继续睡我的觉，他妈妈睡得比我还沉。圣斯自己找了副喜洋洋的扑克牌，在床上自得其乐。

一会儿，我迷迷糊糊中看他自己下了床，随后从卫生间拿来一个拖把，看他的意思是想把拖把递给我。我糊涂了，想说儿子你想干嘛？这时候他妈妈摸了摸床单说："儿子尿了。"我这才反应过来，原来这小东西拿拖把是想让我擦尿。

平时他尿在地板上，我都是让他自己拿拖把来擦。看样子，他对拖把和尿的关系已形成记忆，只是还没有人告诉他，尿在床上是不能用拖把擦的。

我说："儿子，这个不能用拖把擦。"随手给了他一张手纸说："用这个。"我在尿湿的床单上比划了一下，然后他接过手纸，像模像样地擦了起来。其实，尿早已渗进了褥子里，根本擦不掉了。我给他手纸的目的是想让他知道，尿在床上不能用拖把，而是得用手纸来吸。

事后，我让他把拖把拿回卫生间，他拎着拖把走了几步就把它扔在了床前。此时我们都还困着，也没心情去搭理它，拖把就"躺"在了那里。

事后他妈妈告诉我，圣斯又在床上尿了一泡。尿完之后，下意识又去拾那把躺在地上的拖把，意思是让他妈妈把尿擦掉。他妈妈说："这个不能用拖把擦，得用手纸吸。"说完，不知他从哪里弄来一张手纸，便在床单上蹭。看样子，我之前的说的那通话，以及用手纸擦尿的示范动作已经在他的大脑中得到储存，只是记忆还不够深刻。相信多说几次，再尿床时，他从脑子里调取的信息就不会只是拖把，而是手纸了。

瞧，孩子的接受能力有多快。3岁之前，孩子的大脑就像海绵一样，只要给他一滴水，他绝不会给你浪费半点。其实，生活中处处都是"培训班"，只要家长和孩子多相处，多接触，多用心，父母就是孩子最好的老师。【1岁7个月】

23　今天不坐"摇摇乐"

晚饭后，我们带圣斯在小区广场上散步。每次经过广场游乐区的时候，他都要坐一次"摇摇乐"，这已成为了一种习惯。一到广场，他便自己找好一个"喜羊羊"爬上去坐在那里摇啊摇，但是不投硬币机器是不动的。他觉得没意思，便指着投币口，意思让我投币。我说："今天我们不坐了好不好？"他不愿意。我在一边故意装作不理他，僵持了一会儿后他就下来了。

这时，旁边认识我们的一位阿姨给了他一枚硬币。他接过硬币就要去投，立即被我制止了。我把硬币从他手中拿了过来还给了那位妈妈，我说："今天我们是故意不给他坐的。"不知道那位妈妈是否理解我的做法？其实我并不是为了省那一两块钱，而是想通过这件小事，培养儿子的自控能力，也就是对他实施所谓的"延迟满足"训练。

对于坐"摇摇乐"这件事情，可以不时地玩一下，但不能每次经过都必须要玩，如果这样，就会养成一种习惯，说得严重一点就是患上了小"瘾"。

孩子的内心很单纯，他的欲望就是想做什么就做什么。但是长大了，人生道路上哪有什么事情都能如你所愿的？也不可能你想做什么就能做什么。所以，对孩子从小实施"延迟满足"，是对他控制欲望的一种训练。

3岁前养成的习惯可能会影响孩子的一生，所以在3岁以前，我们必须要对孩子实施"延迟满足"训练，适当地控制他的欲望，延迟达到他的要求，必要时拒绝他的要求，这对孩子来说不是什么坏事。

经过了一小会儿的"耍性"，他看我没什么反应，随之对投币的念头也就慢慢打消了。我看他的坏情绪已基本消退，就故意转移他的注意力说："妈妈在那边，我们去找妈妈好不好？"顺势将他从"摇摇乐"上抱了下来。抱到他妈妈身边时，他很不情愿，心里明显还惦记着"摇摇乐"。于是，我看地上有几只蚂蚁在爬，就赶紧让他去抓蚂蚁，他看见蚂蚁在动，注意力马上就被转移过去了。

正所谓眼不见心不烦，只要看不见"摇摇乐"，儿子很快就把"摇摇乐"的事给忘了。可见，偶尔地坚持一下原则，必要时延迟他的满足，让他慢慢养成控制欲望的能力，这在孩子的成长训练中是一门必修课。【1岁7个月】

24　在孩子的脑海里种下一棵童话树

每天给圣斯讲故事已经成了我们家的一个习惯，起初只是临睡前讲，现在是一天得讲好几次，有时我讲，有时他妈妈讲，有时候连照看他的阿姨也要讲，总之谁给他讲故事他就跟谁好。听故事已经成为他目前最大的精神慰藉，平常闹点小情绪，只要给他讲故事一般都能解决。

有天，拍他睡觉的时候，屋里黑着灯，我说："闭上眼睛，爸爸给你讲故事。"他就乖乖的闭上了眼睛。我给他讲了《杰克与魔豆》的故事，当讲到结尾："大怪物摔死了，杰克回到了家，拿着仙女给他的宝贝，从此过上了好日子。"他突然接了一句"噔"，随手还做了一个弹吉他的样子。哦？这不是《杰克与魔豆》童话书里最后一页的画面吗——杰克过上了好日子，拿着小吉他，在他的家里弹琴。看来这个画面已经深深地印入了圣斯的脑海。

还有每当讲到《三只小猪》的时候，他都会发出"呼"的一声，模仿大灰狼吹倒茅草屋的样子；讲到《木偶奇遇记》匹诺曹说谎的时候，他会对着自己的鼻子"嘟"的一下，表示鼻子变长了，等等。可见，圣斯的脑海中已经装满了童话，一个个精彩的故事把他的小脑瓜变成了童话的海洋。

当家长的总想让孩子从小学点什么，以防输在起跑线上，其实3岁以前，我们需要做的就是让孩子的大脑自由成长，给他无尽的想象空间，尽可能地开发他的想象力。然而，在孩子的脑海中种下一棵童话树，让这棵树开花结果，便是对大脑最好的开发。试想一下，一个每天遨游在童话世界里的孩子，和一个除了吃饭睡觉上厕所之外再没有任何大脑刺激的孩子，谁会更聪明？

想象力有多重要？往近了看，上学写作文、思考问题都得依靠想象力；往远了看，创造与发明更需要想象力。家长若能从小在孩子的脑海中播撒下想象的种子，将来必能收获创造智慧的大果实。所以，千万不要小看讲故事这件事情。

家长给孩子讲故事，偶尔讲一两次很容易，谁都能做到，但是持续一年、两年或更久，则需要家长付出很大的时间代价。因此，讲故事是一种长效投资，时间长，见效慢；可一旦见效，你将立刻变成大富翁。【1岁8个月】

囚 吃饭非要玩手机

圣斯最近养成了一个不太好的习惯，一吃饭就想玩手机。只要一坐上饭桌他就指着桌子上的手机，表示要玩。不给玩，就开始哭。我说："你先吃饭，等吃完饭爸爸就让你玩。"我之所以这样做是想让他养成讲规矩的好习惯，吃饭就是吃饭，做任何事情一定要有规矩，边吃饭边玩手机，是不合规矩的事情，即便用这种方法哄他吃完了饭，无形中也会使他养成做事不讲规矩的劣习。于是，我和他妈妈便装作视而不见，只顾自己吃饭，谁也不理他。我们坚守着"爱而坚定"的原则，不骂也不打，让他尽情哭，但原则是绝不妥协，手机坚决不给他。

哭了一会儿，他妈妈说可能是下午水果吃得太多了，或许现在还不饿。我说："那就让他下去吧。"

既然不吃饭了，也就是自由活动的时间，他想玩就让他玩会儿吧。于是，我让他坐到沙发上，把手机递给了他。接过手机，他便立刻进入状态，自己打开游戏，一本正经地玩上了。

过了一会儿，他妈妈吃完饭，便准备拿着饭碗过去喂他。开始我是阻止的，因为我觉得既然在饭桌上不好好吃饭那就得让他饿着。而他妈妈却说："你饿着他，他一会儿也得自己找东西吃。"一边说，一边已经开始往圣斯嘴里喂饭了，看他一口一口地吃的很香，我想想也就算了，没再阻拦下去。但是，却提出了一个要求，我说："圣斯，你把手机先放下，等吃完这几口饭再玩好不好？"他此时正在玩"汤姆猫"，我便说："你先放下，跟猫咪说，让它等你一会儿，等你吃完饭再跟他玩！"他好像听明白了，于是把手机放在了一边，可边吃的时候眼睛却还一直盯着屏幕上的猫。不一会儿吃完饭他又继续接着开始玩手机。

原来我曾想禁止圣斯玩手机，但仔细一想，大人都经不起手机游戏的诱惑，我们又如何控制得了孩子？想让他不玩手机，我觉得那是不太可能的事，除非我们自己也不玩。所以我采取了控制加引导的方法。在自由活动的时间允许他玩一会儿，但是时间不能太长，每次最多不能超过20分钟；吃饭或做其他事情的时候不许玩，坚决不以手机作为交换条件，以此让他专注吃饭或干别的事情。其实，只要适当引导和加以控制，小孩玩玩游戏也未必是件坏事，适当的开发智力，让他的脑海中增添几分游戏的色彩，也未尝不可。

原来我不让他玩手机，是怕他不时找个号码随意拨出去。万一拨个110、119之类的号码岂不添乱，即便不报警，要是拨到哪个领导或朋友那里也不好说。但是最近我发现，他对拨电话好像已经不太感兴趣了，玩手机主要有三件事：一是玩游戏；二是看照片和视频；三是发微信。好几次，他拿着他妈妈的手机给我发来语音，但是却又不得微信语音要领，经常是只按一下就说话，所以基本录不上什么话。其实，玩玩这些都没问题，只要不给家长"报警"添乱，不对他的视力和身体造成伤害，适当的玩一下手机，完全可以接受。【1岁8个月】

26　想办法把"小鹿"弄出来

吃完晚饭，圣斯自己在一旁玩一只发条"小鹿"。"小鹿"上了发条后走啊走，突然钻进了电视柜底下。一看"小鹿"不见了，圣斯就趴在地板上，头贴着地板屁股翘得老高，在电视柜前找"小鹿"，看这样子着实可爱。

我一看这情况，多好的机会啊！就跟他说："圣斯，想想办法，把'小鹿'弄出来"。我看他这么趴着根本看不见柜底，就继续说："儿子，你得整个人趴在地上，这样才能看得见。"他就扑通一声，小肚子贴着地板，整个人趴在了地上。这下看见了，他伸手去够，但是小手太短，柜体太深，着实够不着。够了几下，他有点不耐烦了。刚想放弃，我又说："儿子，你得想办法呀，把'小鹿'弄出来。"他刚爬起来，听我这么一说，又趴了下去，不过又回到了"头贴地、翘屁股"的模样。

"爸爸给你找个工具"，我说。我给了他两个塑料玩具，平时玩沙的"铁锹"和"耙子"。他拿着"小耙子"就往里捅，思路是对的，他想把"小鹿"勾出来，但是结果是越捅越深，这下更够不着了。"你换一个'铁锹'试试吧"。我又把"铁锹"递给了他，把"耙子"换了过来。接过"铁锹"捅了几下，结果还是没弄出来。

我看他这样捅下去根本不是办法，为了不打消他的积极性，鼓励他自己想办法解决问题的热情，就决定帮帮他。不过，我只是帮他一起去完成这件事情，并不是直接把"小鹿"拿出来。我用手里的"耙子"把"小鹿"勾出一半，放在他差不多能够抓到的地方，然后让他自己去取。他又小肚子贴着地板，伸着小手去够"小鹿"，但还是差那么一点点，只能碰到但抓不住。这一碰，触动了还没走完的发条，"小鹿"又跑了，继续往柜底深处"跑"了进去。我又一次帮他勾出来，勾到了离他很近的地方，圣斯再次趴在地上，这下终于"抓"到了。看他抓到了"小鹿"，我连忙鼓起了掌，说："圣斯真棒，终于把'小鹿'抓出来了。"他看我鼓掌，他也跟着鼓起了掌，一边鼓掌一边傻笑。

看他开心的样子，我觉得这次反反复复的"抓小鹿"活动，是一次成功的亲子实验。其实在生活中有很多类似的小事情，都可以用来开发孩子的智力，培养孩子的兴趣，让他们在玩的过程中养成自己想办法、自己解决问题的能力。这次他虽然没有独立完成"抓小鹿",但是在整个过程中,他想办法了,他一次次地趴在地上,这就是思考;一次次地拿着"耙子"往里捅,这也是思考。其实这些都体现出他在想办法的主观意愿,只不过他现在还太小,靠自己的能力暂时无法独立完成"任务",所以这个时候需要家长的帮助。若此时我不帮他,他可能就会对此事失去兴趣,失去了自己想办法的机会,一次失去兴趣,两次失去兴趣,久而久之,兴趣就很难再被激发了。所以说,适时地帮助孩子完成"任务"这是爸爸妈妈要做的一件非常重要的事情。

有时候,"帮孩子"是需要方法的。帮他直接拿出"小鹿"这是最简单的帮法,但也是最低级的帮法,你只是给了他一个结果,可这个结果对他却毫无意义。下次再遇到类似的问题,他自己还是不会解决。但是,如果家长和他一起想办法解决了这个问题,下次再遇到同样的事情,他的脑子里就有了思路。

有人可能会问,有那么快吗?那么小,他记得住吗?可千万别低估了孩子的接受能力。【1岁8个月】

27 面子问题

人是一种爱面子的动物,什么是面子?也就是满足自己的心理。我一直坚持把孩子当大人看,所以我认为小孩子也需要面子。因此,适时了解小孩的心理,适当照顾他们的面子,这样不仅能够平息纷争，还能解决很多麻烦。

圣斯已经1岁9个月了，现在出门走路，他已经不受我们控制，喜欢自己跑了，尤其是过马路的时候，尤其喜欢自己走。

由于担心孩子的安全问题，走在外面时我总想牵住他的手，但是他很不喜欢我拽着他，有时候他会把我的手一甩，笑嘻嘻的自己跑开。你若硬来去拉他的手，他会跟我对抗。有次过马路，他又不让我牵他的手，于是我就说："圣斯，爸爸害怕，你快来牵着爸爸的手，好吗？"听我这么一说，他马上乖乖的把手伸给了我，我也就顺利地把他的安全握在了我的手里。以后每次他不让我牵手的时候，我就说"爸爸害怕"，他一般都会把手给我。

我认为自己这么说，让这个小男子汉的心理得到了满足。我猜他应该是这么想的："爸爸胆子可真小，过马路都害怕，咳，那我就牵着他吧。"哈哈！不知道我猜得对不对，但是有一点我敢肯定，当他乖乖地把手伸给我的时候，他肯定是情愿的。

还有一次，他要玩我的手机，我说："把手机还给爸爸。"他不给，我灵机一动，又说："那你先把手机打开（翻盖手机），看一下然后再还给爸爸好吗？"他翻开手机看了几眼，然后就递给了我。我之所以这么做，其实是在照顾他的面子。因为之前每次我把手机夺回来的时候，结果总是一番哭闹。其实，他也不是非玩手机不可，问题就在于，你若夺回了手机，他就和你的强制行为形成了一种对抗心理，也就是说，面子失了，他才哭。很多时候，当大人按着自己的想法，硬把孩子正在兴头上的事情打断的时候，孩子一般都会抗拒以致哭闹。如果我们给孩子一个台阶，适当地顺从一下他的心理，然后再实施你的计划，或许这样他就接受了。归根结底，还是面子问题。

大人要面子，小孩也要面子，把小孩当大人看，照顾到孩子的面子问题，很多问题也就能迎刃而解。【1岁9个月】

28　陪睡的结果

从圣斯断奶开始，我陪他睡觉已经有两个月了。以前都是老婆陪儿子睡觉，因为断奶的原因换由我来陪睡。每天睡前，他妈妈离开卧室的时候，圣斯都会有点不舍，但也基本适应了我的陪伴，从最初离开时的放声大哭，到现在已经可以从容地和妈妈说Bye-bye了。

之所以一直坚持这个陪睡"任务"，是因为我觉得这件事情很有意义，对于培养我和儿子的感情来说十分有益。一般家庭，爸爸陪孩子的时间都相对较少，从而造成孩子和爸爸的关系都不如和妈妈好。有些孩子因为长期得不到爸爸的关怀，慢慢的就和爸爸疏远了关系，这类孩子长大以后，父子关系一般都不会特别亲密。出于这个考虑，我坚持在没有特殊事情的情况下都由我来陪儿子睡觉。

两个月下来，儿子果然和我亲了。每当下班回家，他就会跑过来要让我抱他；吃完饭他也会赖在我身上犯个"小贱"；有时我出去买个东西，他也愿意离开妈妈的视线独自跟我走。这一切，我觉得都和我的陪睡有关。

在孩子的心里，能够陪他玩、陪他吃饭、陪他睡觉的人肯定是最安全的，所以我也就从不太安全的角色变成了安全人物，这就是陪睡的结果。

睡前一般都是家长和孩子最好的沟通时间。即便我白天训过他，只要晚上我们能够在黑着灯的屋里脸对脸地对话，还有什么化解不了的心结？俗话说："枕边风"很重要。我现在才觉得"枕边风"真的很重要，不管是对爱人还是对孩子，这个"风"都很重要。所以，我决定一直坚持下去，陪儿子睡觉，做他身边最安全的人，一直到他不愿我陪为止。【1岁9个月】

29　爱而坚定的惩罚

圣斯的爷爷、奶奶和姑姑从老家来看他，家里人多了，惯他的人也多了，这几天他变得非常娇气，动不动就发脾气，而且还经常对人表现出很不友好的态度，甚至伸手打人。我对他这几天的表现很不满意，但是有那么多人护着他，也不太适合管教。

吃饭的时候，他又开始耍性子，大家一桌人在吃饭，他却一下子又大发雷霆起来，这下可把我惹火了，于是把他抱进卧室，让他反省。

进了屋，他嚎啕大哭，我严厉地对他说："这几天你太不像话了，给我好好反省反省。"我不打他，也不骂他，我就看着他，让他尽情地哭。哭了两三分钟，哭声小了点，我对他伸出了双手。他看我伸手，一下子就扑到了我的怀里。我抱着他，但是并没有安慰他，也没有说话，只是紧紧地抱着他，让他继续哭，继续发泄。又哭了几分钟，我说："不哭了好吗？"他点点头表示同意。我说："那你把眼泪擦了，我们出去好吗？"他说："嗯。"就这样，一场暴风雨过去了。

在儿子身上，我又一次实践了"爱而坚定"的教育原则。所谓坚定，就是看到他不讲道理地发脾气之后，我用坚决的态度把他抱进屋里，让他对自己的行为进行反思，以示惩罚。但我没有打他，也没骂他，当他哭到最伤心的时候，我还向他伸出双手拥抱他，这是我在"惩罚"的过程中向他传递"爱"的一种方式。我虽然惩罚了他，但是我没有伤害他的自尊，我用拥抱传递爱，让他在受惩罚的过程中感受到爱的温暖。这样的惩罚方式与打骂式惩罚相比，显得更加有效，也更容易被孩子接受。【1岁9个月】

30　付出与回报

睡前，圣斯和他妈妈在床上玩，我在一边做着自己的事情。不知原因，这头"小驴"突然抓住妈妈的头发使劲地拽，他妈妈叫他放手，可他就是不放。我过去狠狠地打了一下他的小手，并且以严厉的言辞批评了他。他看我打他，竟然还想还手打我。我看他又想伸手打人，便又狠狠地打了他一下，这样来回打了三四下，可能是被我打疼了，最后他哭了。

这件事情就这么过去了，到了该睡觉的时间。他妈妈以为我俩刚打完"架"，就主动地抱着圣斯，准备哄他睡觉（两个月来都是由我陪睡的）。刚躺下，我正准备要走，他却对妈妈说："爸爸，爸爸。"什么意思？他的意思是，应该由爸爸来陪他睡觉。他妈妈从床上下来，还没离床几步，他就对妈妈挥挥手说Bye-bye了。

这一幕让我感到十分欣慰，也十分感动。我这么严厉地批评他、打他，他竟然还要让我陪他睡觉，看样子他并不记我的恨。我想这应该就是每天晚上陪睡的付出所产生的感情回报吧。有句话讲：有多少付出就有多少回报。看样子这句话一点都不假，那些总是抱怨孩子跟自己不亲的爸爸，你们又付出了多少？【1岁9个月】

31　一本万利的情感投资

晚上哄睡了儿子，我和老婆在客厅各干各的事。一会听见儿子在叫，他妈妈立刻跑进去拍他，拍了一会儿看他睡实了，他妈妈就出来了。不一会儿听见儿子又在叫，此时我在厨房切西瓜，他妈赶紧又跑进去拍他，随后我也跟着进了卧室。而这时我听见儿子口中叫的是"爸"，并且还连着叫了好几声。啊呀，听得我心里暖洋洋的！儿子睡梦中都在叫"爸"。于是我跟他妈妈说，你赶紧走吧我来拍。

出了卧室我问他妈妈，刚才第一次儿子叫的是"爸"还是"妈"？老婆说："刚才叫的也是'爸'"。我心里一边暗喜一边想：看样子我的亲情指数马上就要赶上你了，嘿嘿！

其实事情是这样的：在儿子睡前的印象里，是爸爸陪在身边，所以在半睡半醒之间，朦胧的意识中自然也是爸爸的身影，所以一惊醒他就叫"爸"，那也是情理之中的事。我相信，如果我从来不陪他睡觉，他在半梦中也不可能叫出"爸"来。所以我欣慰地告诉自己，对于儿子的情感投资绝对是一本万利，值啊！【1岁10个月】

☒　危险无处不在

星期六的早上，他妈妈还在睡觉，我先起了，儿子自己在床上玩。于是我一边刷牙一边在想着：要不一会儿带儿子出去买个早点？

正想着，我已走出了卫生间，刚想推门进卧室，只听咚的一声，什么东西挡住了门？原来是儿子站在门后，一推门正好撞到了他。我看他没哭也没叫，以为没什么事。只见他勾着脚背，小脚虚着着地，好像不太自然。由于瞬间撞击，一下子还没有感觉到疼，但当我俯下身去仔细查看时，吓了一大跳，大拇指的半个指甲"翻花"了，露出了白嫩的肉，白白的没有一点血丝。

由于早上起来没戴眼镜，看得不太清楚，只知道这下撞得挺严重。我一把抱起儿子，就往床上放，这时他感觉到疼了，开始大哭起来。他妈听见儿子的哭声一下子就惊醒了。儿子的指甲已经开始出血，幸亏他妈反应快，看到儿子的指甲"翻花"但没脱落，二话没说立即将指甲掰了回去，虽然指甲恢复了原状但充满了淤血。我抱着儿子，看他哇哇大哭的样子，心如刀绞。俗话说十指连心，我深深地感受着儿子的疼痛，让我揪心般心疼。

他妈妈让我拿来碘酒进行消毒，儿子一看到碘酒和棉花，哭得更加厉害了，立马从他妈妈身上离开示意让我抱，我知道他这是在寻找安全感，于是一把接过来紧紧地把他搂在怀里。儿子依然还在反抗，但为了避免感染，我强行摁住了他的小脚，他妈妈使用棉花在指甲上进行消毒。

事情是这样的：因为门和地面间有条缝，儿子站在门后，小脚正好放在门缝边上，我一推门，一时的重力瞬间将指甲掀翻。所幸指甲没有脱落，因为孩子肉嫩，掰回原样后淤血立即畅通回流。

过了一会儿，等我从外面买回早点的时候，看他在那开心地玩着手机，似乎早已把刚才的事情给忘了。等再仔细看时，儿子的指甲已经基本恢复正常，只是红红的充满了淤血。

孩子在家里，随时都可能遭受伤害，门是其中的一个重要隐患。圣斯才1岁左右的时候，也是因为门，出过一次意外。

他和他妈妈在卧室玩，我在客厅，当我推门进去的时候，只听儿子哇的一声叫了起来，他的小手被门缝给夹住了。门的合叶处，当门关着的时候有一条很大的缝，儿子把手放在这个缝里，而我一推门这条缝立即变窄，儿子的小手便被夹在了缝里，所以哇哇大哭。我还没进门，只听他妈在屋里大叫："不要推门！不要推门！"我愣在了那里，不知道里面发生了什么情况。他妈立即把门关上，露出那条缝，把儿子的手拿了出来。

事后，每次想起这件事情我都感到后怕。如果他妈不在里面，我听到儿子大哭肯定会毫不犹豫地推门进去，倘若这样，儿子的手指夹在门缝里，轻则重伤，重则夹断，后果将不堪设想。每次想到这里，我真是浑身直冒冷汗。

每次出事之后，他妈总是教训我，而每次我都对儿子产生的伤害深感内疚，但是在孩子的成长过程中，危险无处不在：一扇门、一扇窗、一个插座、一把水果刀，随处都隐藏着危险。一旦危险发生，事后再内疚也于事无补，若想给孩子一个安全的成长环境，家

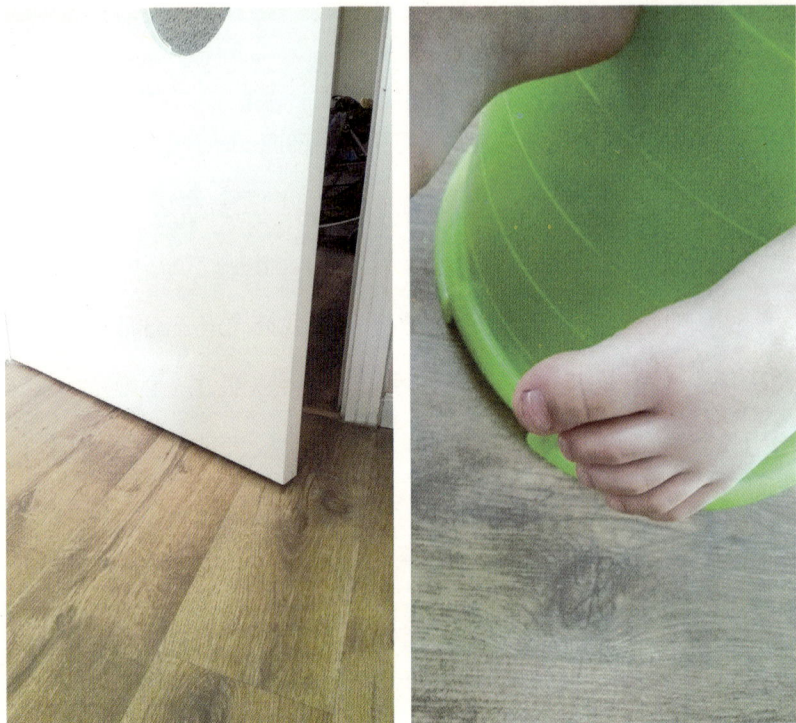

长们只能是防患于未然，死防危险死角，容不得一点马虎。为了孩子的安全，我们在生活中都需要谨慎一点、细致一点，把那些安全隐患全都扼杀在角落里，给孩子一个安全的家。【1岁10个月】

🔢 阅读习惯的养成

儿子早上7点就醒了。因为是暑假，我不用上班，一般都要比他晚起一个小时。跟往常一样，他每天醒来的第一件事情就是"拉屁屁"，嘴里不断地念着"屁屁"和"妈妈"，意思就是妈妈我要拉"屁屁"了。老婆每次都是将儿子领到他自己的小马桶上，等圣斯拉完"屁屁"之后她继续回床再睡。我们俩一般会睡到8点多，这期间的1个多小时，儿子都是自己在床上玩。

睡眼朦胧间我看见儿子自己坐在床上聚精会神地看着书。于是，我眯着眼睛偷偷地瞄着，生怕惊动到他。看他一边翻着书一边还用手在书上指指点点的，还真挺像一回事。

前段时间，每天醒来他妈妈就给他一个手机，让他自己在床上玩，这样我们便可以继续睡觉。后来我觉得玩手机终究不是太好的办法，于是故意在他的床头边放了一堆书。早上儿子先醒，我们继续睡，不给他手机也不理他，床上除了书没有别的东西可玩。目的是想通过这个办法让他自己养成看书的习惯。果不其然，这天早上奏效了。

孩子的专注力是有限的，看了大约20分钟，他没有了耐性，就开始在我们身上爬来爬去，一会上床一会下床地来回折腾。当然，我们不可能要求不到两岁的孩子能够专注地看上一个小时的书，在这个年龄阶段，就这20分钟的阅读，其实已经足够了，就凭借这20分钟，我敢肯定它已经在儿子幼小的心灵中，种下了一颗阅读的种子。有了这颗种子，我们可以在以后的时间里给它浇水、施肥，让他的阅读习惯逐渐壮大。

当然，早上这20分钟的阅读，并不是凭空而来的，也不是偶然的巧合，这是我们在他出生以来一直给他讲故事，给他念书得来的结果。一年多来，看书已成为儿子生活中最平常的事，我们给他买的"睡前书"目前已超过了100本。平时他就喜欢看书，只不过早上晨起之后，他把看书这件事和玩画上了等号，相当于足足玩了20分钟。这对于他阅读习惯的养成，无疑是一个巨大的推进。

若想给孩子一个终身学习的能力，那就培养他的阅读习惯。孩子的习惯全都来自于父母的影响，若想让孩子喜欢书，喜欢看书，那就得请父母们自己先拿起书为孩子做好榜样。即便你真的看不进去，那也请你多买些书布满家里的各个角落，让书的气息来浸润孩子的思想。

"书山有路勤为径，学海无涯苦作舟。"小时候，如果你连这条"径"都不给他，长大了让他如何刻苦？【1岁10个月】

㉞　回到你的安全座椅上去

吃完晚饭，我们准备开车去超市。刚打开车门，儿子就嚷嚷着要坐我的驾驶座，说什么也不肯坐到自己的安全座椅上。于是，我只好把他放进驾驶座，车没启动，他双手扶着方向盘，开心得不得了。玩了一会儿，我说："坐回自己的座上去好吗？"他还是不肯，非要坐在他妈妈腿上（他妈妈坐在副驾驶座上）。

为了孩子的安全，也为了不影响我开车，我们平时都不会让他坐在副驾座位上。因为他坐在副驾座上，喜欢不断地拧按钮，甚或挂档。我便跟他约定："去的时候坐在妈妈腿上，回来的时候坐到自己座位上去，好吗？"他点头表示同意。为了这个约定，我暂且同意了他坐在他妈妈的腿上。

买完东西，该回家了。走到车前，当我准备把他抱到安全座椅上时，他却毁约了，开始耍性子。不管我怎么跟他重复事先约好的约定，他就是不听，一心想要坐在他妈妈腿上。这次我没有再妥协，而是要求他必须坐回自己的座位上去。执拗了一会儿，我看他哭声开始有点不太"真诚"了，分明就是在故意耍赖。为了揭穿他的"阴谋"我开始采取强硬措施，把他摁在安全座椅里，随即帮他系上了安全带。与此同时，他妈非常默契地递来一块奶酪，意思是："儿子你别哭，妈妈给你吃奶酪。"我并不鼓励当孩子耍赖时，用物质和孩子交换，以此获取孩子的一时消停。不过这种做法的效果往往都是行之有效的。不一会儿，儿子就不哭了。

出于安全考虑，在儿子不到1岁半的时候，我们就给他买了安全座椅，装在后座上。刚开始，他还挺乐意坐在自己的椅子上，几个月过去了，他开始有了点厌弃。最近出行，他就总想坐在妈妈的腿上（因为他妈妈晕车，平时都坐在副驾驶座位上），但是为了安全起见，我们一直坚持让他坐在自己的安全座椅上。

关于安全座椅的问题，中国家长的态度大多数都比较淡漠。很多家长宁可花上几百上千元给孩子买衣服买裤子，有的愿意掏上几千元给孩子报各种学习班，但却很少有家长愿意花上几千块钱给孩子买个安全座椅放在车上。好几次跟朋友聊起安全座椅的事，他们的态度大多数都是不屑一顾，或者干脆来一句"没用"，对于孩子的安全问题并没有达到高度的重视。

不出事，怎么坐都行，但万事不怕一万只怕万一，行车上路不在于你的驾驶技术有多好，而是在于别人的技术有多差。事实证明，安全座椅对于孩子的保护是很有作用的。有些西方发达国家，孩子坐车必须要安装安全座椅，这是法律，否则就是违法。但在中国，完全凭家长的意愿，而这个意愿则完全来自家长的主观意识。

孩子坐车，天性好奇又好动。安全座椅不但可以减弱车祸中的撞击力，给孩子以安全保护，同时还能有效约束孩子在车里"开发"门窗车锁的奥秘。有两根安全带绑着他，可比自由地坐在车里安全得多。安全座椅上的安全带，只要一解开，椅子马上就会报警，这对家长防护孩子在行车过程中自己打开车门具有极好的监控作用。总之，安全座椅是非常必要的安全保障。

谈到孩子坐车的安全问题，有次出行让我记忆犹新。几位朋友一起出去玩，大家坐在一辆车里，朋友开车，我坐在副驾驶，朋友的女儿和其他两位朋友坐在后座上。孩子可能是坐累了，便开始在后面"活动"起来。不一会儿她竟然背对着我，坐到了驾驶座和副驾驶座中间的杂物箱上，看这架势，我感觉太不安全了。于是温婉地劝她下来，她却装作没听见，叫了几遍都不听。随后我用非常严肃的语气，喝令她立刻下来。她看我那么严厉地呵斥她，很不高兴，她说她不要跟我说话了。显然，孩子已经把我当成了"敌人"。

在车里，她妈妈没说她一句，后座的两个朋友也没说什么，就我多管闲事"训"了她。呵斥完孩子之后，我还很严肃地对她妈妈说："以后一定要注意，不能再让孩子这么坐了，这是一个'底线'问题。"不知道这孩子的妈妈是否听得进去，也不知道我这么呵斥孩子，孩子的妈妈是否会不高兴，但总之我认为安全无小事，纯粹是为了孩子的安全考虑。

这是一个活生生的例子。没有安全座椅，孩子在后座上就可以肆意妄为，如果后座上没有大人，家长在开车，谁敢保证孩子哪一天不会突发奇想地打开车门或爬出车窗？当然，安全意识是一个国民素质问题，看一看中国司机系安全带的态度和数量，我们就可以得出为什么中国家长会对安全座椅如此漠视。

很多家长连机会渺茫的意外伤害保险都替孩子买了，为何却舍不得一个安全座椅？为了提高孩子的安全系数，请赶紧把安全座椅搬上你的爱车吧！【1岁10个月】

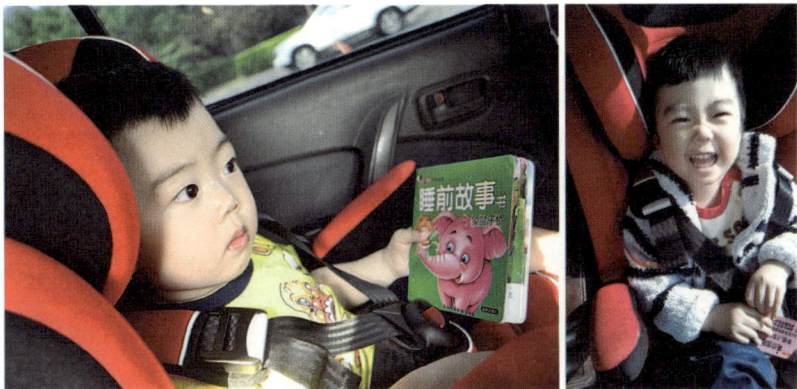

35　真的是孩子不乖了吗？

最近，儿子的要求越来越多，但因为还不太会用语言进行表达，所以只能指手画脚地指挥我们。他喜欢看网络电视上的"贝瓦儿歌"，原来只要将所有曲目全部选定连续播放就行了，现在他开始学会"点歌"了，放到他不喜欢的歌曲时，就要拿遥控器换歌，或者是嘴里嘟囔着不知道说些什么。他的心里肯定有一个自己的想法，只是无法用语言表达出来而已。

晚上吃饭，他用手指着桌子的一个方向，我们也不知道他要干什么，问他是要吃虾吗？不是；是要喝汤吗？也不是；他妈像猜谜一样猜了好几次都没猜对。因为我们都无法理解他的一指禅意，所以也无法满足他的要求，一会儿他就显得不耐烦了。

孩子的要求多了，而我们的理解能力却有限，所以每当不顺他心意的时候，圣斯就会表现出很不友好的态度，随后就开始耍性子。由此可见，孩子作为一个独立的个体，人类最原始的欲望开始展露出来了。因为孩子不会掩饰，所以他对自己想要达到的欲望就表现得非常直接，只要一不顺意就会撒娇，这是人的本性。

教育的目的就是要控制和改变这种最原始、最粗野的欲求本性，为了使他在以后的人生道路上能够有效地控制欲望，所以我们一定要将孩子这种不受约束的秉性扭转过来，使他对自己的欲求有所约束和收敛。所以说，一味地满足孩子的欲求，是放纵本性的一种恶性行为。儿时不加以约束，长大后必定难以控制。

当然，有时候对于孩子正常的心理欲求却也不可忽视。尤其是孩子要求的关爱、关心、关注、关怀，那些都是合理的心理欲求，家长们千万不可忽视。倘若长期忽视这方面的心理欲求，就会对孩子造成心理伤害。

儿子虽然还不会用太多的话语来表达自己的想法，但他却可以用最简单的语言和行为来表达自己的要求了。

晚上睡觉时，起初我陪在他身边侧身抱着他，看他已经睡意朦胧进入了半睡状态，便准备转身离去，这时突然他转过身坐了起来，对着我大喊："爸！爸！"我没理他，他看我没反应，继续大叫："爸！爸！"叫得我心里直乐。就在想，这个时候他那么大声喊我，肯定是心里有需求，虽然表达不出来，但是我能清晰地感受到他内心的言语："爸，你转过来啊，怎么不抱我了？"这就是一种正常的、合理的心理欲求，也是一个孩子对父爱的基本需求，绝对不可忽视。于是我又转身过去继续抱着他，直到他沉沉睡去。

下午他妈妈在沙发上看书，他在一旁被冷落着。受了冷落，心情明显不顺，便一会要这个一会要那个的，要求很多，但总是不合他意，耍了整整一下午。很显然，因为他妈妈没有满足他的心理欲求，对他的关注不够，所以他才耍性子。

这是一个特殊年龄段，由于他的想法和要求越来越多，要求多了但表达能力还跟不上，这时事与愿违的事情就会频发，所以有时候就会变得脾气不好，爱耍性子。这些都是孩子成长过程中的适龄行为，家长一定要理解。

有些家长看到孩子的种种变化，只是一味地责怪孩子变得不乖了，其核心问题是在于家长没有进入孩子的内心世界，没有猜透孩子的心理欲求，这究竟是孩子不乖了还是家长失职了呢？【1岁10个月】

36　人生的第一次无奈

一大早6点半儿子就醒了，但我和他妈妈却睡意正浓，没有及时跟着起来。圣斯自己在床上玩了会儿，又把床上的童话书挨个翻了一遍，但可能实在太饿了，便开始哭闹。一边喊妈妈，一边用手指着嘴巴，同时嘴里发出吃东西的声响，表示："我要吃东西。"

平常每天早上起来，他也都会做这个动作以此来提醒妈妈："我饿了，要吃东西。"平时他妈妈都会到客厅给他拿个面包什么的，但今天老婆困我也困，我俩便在儿子的"吧唧"声中继续沉睡。

等我睁开眼睛的时候，已经8点多，儿子的饿劲儿似乎过了，我看他自己躺在一边，瞪着个大眼睛在那发呆。这幅情景，让我感到有点愧疚，大人只顾自己睡觉，竟把儿子饿成这样。

我立马起身去给儿子煎鸡蛋。煎完蛋准备去上班时，儿子还躺在床上，瞪着眼睛不知道在想什么。我跟儿子说："蛋蛋给你煎好了，爸爸走了，一会让妈妈喂你。"儿子斜眼瞟了我一眼，小腿在那一跐一跐的没搭理我。我在儿子的眼神中看到了一种无法驾驭的无奈。好吧，就让这次饥饿成为你人生中的第一次无奈吧。

看着儿子那无奈又不屑的表情，我的心里又想乐又心疼。但回头一想，偶尔让他无奈一次也无妨，因为在以后的人生道路上又岂止这一两次无奈。【1岁10个月】

37 裤子湿了和快乐玩耍哪个重要？

某天下午一场阵雨过后，外面变得凉快。于是晚饭后我带着儿子出去散步，雨后的道路积满了水，一个个水坑有的深有的浅。

走着走着，儿子突然一脚踏进了一个水坑，他先是一愣，接着马上表现出了对水的兴趣，双脚在水里不停地踏。因为这个水坑比较浅，所以只是湿了鞋底。但没走几步他又踏进了另外一个水坑，这个水坑就比较深，而且还有点脏。这一脚踏进去，整个鞋子都湿了，可他完全感觉不到鞋子湿，依然沉浸在踏水的快乐中。这下不仅鞋子湿了，裤子也被溅满了水。

我看这架势，他不把全身弄湿好像不会罢休了。正想上去阻拦，却瞬间有个念头闪过：儿子玩得这么高兴，我为什么要阻拦他？仅仅是为了鞋子和衣服不被溅湿？鞋子和衣服湿了可以回家换，若这个时候硬是打断了他的兴致，他该多扫兴啊！想到这里，我就放任他一个接一个坑的踏水，令他开心极了，最后终于把整条裤子溅湿……

好玩是孩子的天性，尤其是他们没见过的事情，会更加好奇。因为北京雨水少，从出生到现在，儿子还从来没有踏过水坑，今天是第一次，所以他玩得特别开心。

我想，以后像这种没有危险，也不会对别人产生影响的活动，我不会去阻拦他，放任孩子的天性，让他尽情享受玩的快乐。

我也相信，很多家长都和我最初萌生的想法一样，起初所考虑的仅仅是裤子湿了怎么办？但如果我们能够稍微转换一下思路进行思考：裤子湿了和开心玩乐这两件事情，哪个更重要？大部分家长应该都会选择后者。

其实，孩子在成长过程中，放任孩子玩的天性是教育的基本原则，越能玩的孩子越快乐。为了孩子的快乐成长，请家长千万不要随便制止孩子们的合理活动。这不仅是保护孩子的天性，给予孩子快乐，更是对孩子"探索精神"的鼓励和开发。【1岁10个月】

亲子时间

我是小宝贝

词曲：尤静波

演唱：尤圣斯　高歌　尤静波

（儿子）我是全家的小宝贝

（妈妈）你有爸爸妈妈天天相随

（爸爸）你每天高高兴兴嘿嘿嘿

（合唱）我（你）是天下最快乐的宝贝

（儿子）宝贝　宝贝　我是贝贝

（儿子、妈妈）我（你）是爸爸的捣蛋小鬼

（儿子）宝贝　宝贝　我是贝贝

（儿子、爸爸）我（你）做妈妈的亲亲宝贝

（爸爸）你是全家的小宝贝

（妈妈）你有爸爸妈妈天天相随

（儿子）我每天高高兴兴嘿嘿嘿

（合唱）我（你）是天下最快乐的宝贝

（儿子）宝贝　宝贝　我是贝贝

（儿子、妈妈）我（你）是爸爸的捣蛋小鬼

（儿子）宝贝　宝贝　我是贝贝

（合唱）我（你）做妈妈的亲亲宝贝

38 站住别动！

儿子已经能够满地乱跑了，每次出门他都喜欢自己跑，原来我还能想些办法牵住他的手，但现在已经完全不受我的控制，一出门撒腿就跑。

每次出门时我都要跟他说："看见车车过来一定要站到路的一边去。"但每次遇到实际情况他总是在跑，我的话完全不起作用。

这天出门，他又一路跑开了。对面不时地穿梭着汽车和自行车，我担心他的安全但又无法控制他的行动，只能干着急。此时，一辆自行车迎面而来，他却高兴地朝前跑去。情急之下我大喝一声："站住别动！"他好像听进去似的，果然站在原地停了一会儿。紧接着又过来一辆汽车，我用同样的方法又喊了一声，他再次停了下来。

这个办法好像有效。

为什么之前跟他说了那么多次"避让车车"的话，他听不进去，而这次他却听进去了呢？经我分析，问题不在他而在我。之前跟他说"看见汽车过来一定要站到路边"之类的话，凭他现在的理解能力，对于这么复杂的信息，他的大脑根本无法接受。大脑得不到指令，行动自然也就无法处理。而昨天我跟他说"站住别动"，这是一个非常直接而简单的指令，所以他接受了。大脑接受了信息，就会把信息传输至身体，身体执行了这个指令，因此他停了下来。

隔天出门时，看到有车过来，我又大喊"站住别动"，他再次接受了这个信息，停了下来。一会一辆车又过来，儿子竟然主动地停了下来，用手指着迎面而来的汽车，像是在表达着什么。看来圣斯已经成功的理解了我的指令，并且初步形成了条件反射。

通过此事也引发了我的思考，教育孩子千万不能操之过急，在孩子的成长过程中要顾及孩子的适龄能力，不能超越孩子的年龄，迫切给他太多他还无法接受的信息。如果你传达的信息太多太复杂，孩子无法接受，作用也就无法体现。倘若你能够仔细观察孩子的适龄能力，在他能够接受的条件下传达出指令，让他能够听得懂、做得到，这样即便孩子完成的是一个很小的指令，那也是实实在在的教育成果。【1岁10个月】

39 第一次看话剧

晚上，我带儿子去看一个学生自导自演的儿童话剧《丢影子的盗盗》。这是儿子第一次走进剧场，起初我担心他会不专心、坐不住，或者因为不适应剧场环境而哭闹，结果儿子非常安静且专注地看完了这部一个半小时的话剧。

话剧7点半开演，我们到得比较早，在剧场楼下玩了一会后，进剧场的时候儿子的心情非常好。7点15分开始检票入场，因剧情需要工作人员要在每个小朋友的手臂上印一个图章。但当工作人员拉着儿子的胳膊在他手臂上盖章的时候，儿子显得极不情愿。

接下来，我最担心的事情发生了——儿子哭了。幸好演出还没开始，当他妈妈发现儿子的坏情绪是来自手臂上的那个图章时，于是拿出湿巾帮他赶紧擦掉。之后，儿子的情绪立刻恢复了平静。

7点半演出正式开始。由于话剧开头的灯光比较昏暗，气氛有点紧张，儿子的情绪立刻又紧张起来。他紧紧地抱着妈妈的脖子不敢松手，并且不肯让我抱。过了一会儿，灯光亮了起来，儿子的情绪稍微放松了一些，我便从他妈妈手中接过了儿子，让他坐在我的腿上。但他又开始紧张，紧紧地搂着我的脖子，不敢坐在腿上，于是我只好把他搂在怀里，抱着他看。

虽然有点紧张，但他对舞台上的表演却十分好奇，于是一边搂着我一边侧头观看。为了消除儿子的紧张情绪，配合着剧情我总是不断地跟他轻声说话。换场景时，场灯全部关闭，我就跟他讲："你说，开灯。"（这是他平时晚上进家门时常说的一句话），他便跟着我轻轻地说了一声："开灯。"我看他已经能够配合我的引导，说明紧张情绪已经有所消除。一会儿台上出现了一位白胡子老爷爷，我就问他老爷爷在哪里？他指着台上说："爷爷，爷爷。"在我的引导下，儿子开始渐入佳境。

情绪放松了，心情也就好了，慢慢的儿子开始专注起来。眼睛直勾勾地盯着舞台上的表演，在我的引导下还不时地参与一些话语互动。当主角"盗盗"出现的时候，我就教他喊"盗盗"，他便开心地跟着喊"盗盗"，声音还很大，连隔着几个座位的朋友都听见了。

剩下的时间里儿子的表情都十分专注，并且越看越开心，不时地露出笑容，一个不到两岁的孩子看起话剧来能够如此专注，这让我感到有点意外。

接近尾声的时候，时间大概到了8点45分，他平时睡觉的时间到了，儿子开始有点犯困，于是双手不断地揉眼睛。由于整剧时间太长，戏剧节奏有点拖沓，看得我都有点累了。此时，儿子开始翻包，要吃东西。打开包后，却只剩下两盒喝空了的酸奶，但他想要。给了他，一喝是空的吸不上来，他又表现出不耐烦的情绪，甚至开始了小声啼哭。我看形势不妙，演出还在进行中，这么小的剧场要是哭开了，这演出还怎么演？我立即把他转给妈妈，在妈妈的怀里，他的情绪相对稳定了一些，我立即找出一盒吃剩的饼干给他，有了饼干吃，情绪便又恢复了平静。

整场戏看下来，儿子的表现还算不错，我想如果换一个更有意思的卡通戏，儿子可能会更加有兴致，专注程度可能也会更高。第一次看话剧能有这样的表现，我对此感到十分满意。有了这次成功的尝试，我想以后应该多带儿子去看看儿童剧，让他从小在剧场中感受艺术的魅力。【1岁10个月】

40 拔掉家里的电视插头

随着儿子的成长，他的想法越来越多，体现出来的兴趣也越来越广。原来他对电视没多大兴趣，但是近一两个月来，他对电视流露出极大的热情，其中主要原因是他喜欢上了动画版的"贝瓦儿歌"。

因为家里安装了网络电视，可以搜索到网上的很多视频资源。为了给儿子增添乐趣，我们还帮他搜到了"贝瓦儿歌"，数百首动画儿歌在电视上呈现出的卡通形象和五彩的画面，对圣斯产生了巨大吸引力。每天早上起来必须看次"贝瓦儿歌"，一天中他会不时地打开电视，有时呆呆地坐在沙发上，足足可以看上半个小时，甚至更久。

我渐渐感觉到了问题的严重性。偶尔看看"动画"或"儿歌"，不是什么大问题，但是长时间看电视，这对孩子来说却不是什么好事。

首先，看电视是一个完全被动的接受过程。孩子在看电视时，不用进行任何思考和想象，只要跟着电视中设计好的画面和情节，大脑根本不用转动。3岁前的孩子，大脑每天都

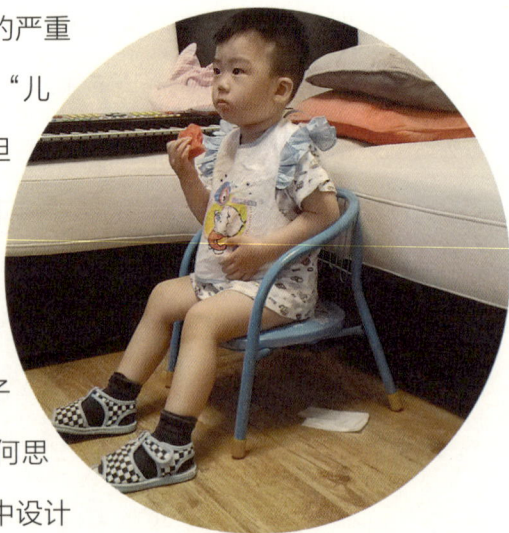

在迅速发育和成长，此时若养成长时间看电视的习惯，无疑是对大脑的一种浪费和闲置。孩子的成长，一天一个变化，若每天捧着电视，浪费的岂止是时间？更大的损伤是，他的思维会变得越来越迟钝。换句话说，就是"变笨"。

其次，是电视对孩子身体的伤害。大屏幕液晶电视的高辐射度，以及液晶屏幕对人体视力的损伤，这些危害人尽皆知。为了趁早帮儿子戒掉看电视的习惯，我和老婆商量，决定拔掉家里的电视插头。

原来，老婆经常在网络电视上看一些电视剧，但自从发现儿子爱看电视的嗜好之后，她也逐渐减少了看电视的次数。而我平时就很少看电视，只是偶尔看看新闻，现在我们就更少开电视机了。

和电视一样吸引儿子的还有手机，随着这次电视的"禁闭"，也促使我们下定决心，要减少在儿子面前玩手机的次数。其实，当今的手机早已超越了通讯功能，很多人的手机拿在手里，大部分时间都是在上网。为了减少对儿子的影响，我们除了接打电话外，尽可能地将手机也束之高阁。眼不见为净，看不见手机，儿子自然就减少了对手机的依赖。

家长是孩子的榜样，想让孩子不看电视，先请家长拔掉电视插头；想让孩子不玩手机，那就让你的手机回归到通讯功能。孩子的习惯与毛病，其实都掌握在父母的手中，要想掌控住孩子的习惯，请先掌控住自己的行为。【1岁10个月】

41 无实物演习——奇思妙想的世界

每天睡前半小时，是我们一家的亲子时间，所以一般都会提前半小时进卧室，一起玩上半个小时后，再熄灯睡觉。

儿子在床上扭屁股跳舞，玩得不亦乐乎。突然，趴在我身边，用小手在我的头发上轻轻地抓了一下，然后放进嘴里，小嘴不断地上下嚼动，好像吃东西一样，津津有味。随后又连续在我头上抓了几下，继续做出吃东西的样子。

什么情况？我的头上有吃的？

此前他也曾经有过几次同样的行为，但我并没有在意。今天正好一起在床上玩，看他抓得那么认真，好像我头上确实有东西似的，于是就配合他玩了起来。我也假装从他的头发上抓来东西，放进嘴里嚼。随后，还假装把手里的"东西"递到他的嘴边，儿子也跟真的一样，用小嘴接过去认真地嚼着，并且，又从我头上抓来"东西"递进我的嘴里，我也很认真地用嘴轻轻地咬一下他的小手，假装吃了。其实，我的头上、手上什么东西也没有。

就这样反复来回，玩了好一阵子。看着儿子的认真劲，我不忍打断他，只好继续配合。突然我又冒出一个想法，想试探他究竟是怎么想的。当他从我头上再一次抓"东西"准备放进嘴里的时候，我说："掉了，掉了。"儿子先是一愣，随即用小手从床单上抓了一下，表示捡起来了，然后又放进嘴里。

其实，什么也没有，但儿子演得跟真的一样。这种无实物演习，他竟然玩得不亦乐乎。我不知道儿子在想什么，也不知道他抓的究竟是什么东西？但可以肯定，在他的小脑袋瓜里一定有个他自己看得见的东西。这就是想法，这个想法可能连他自己都不一定搞得清楚。其实这个并不重要，重要的是在他的想象过程中，大脑在飞速运转，俗话来说，就是在"开动脑筋"。

孩子的想象力惊人的丰富，我们没必要去猜测他的具体想法，也不用去探究他的神秘脑海，此时我们唯一要做的就是——保护好孩子的想象力，跟他一起"疯"，跟他一起"傻"，这就是对孩子想象力最有力的保护。在大人的配合下，有了一次幻想，就会有第二次、第三次，以至于直到想出这个世界未曾发生过的事情；反之，如果大人几次将孩子的想象力扼杀在萌芽中，再聪明的孩子也会变成"笨鸟"。

什么是聪明？奇思妙想就是聪明。保护好孩子的想象力，就等于保护了孩子的聪明才智。这种想象力的培养比背唐诗、念儿歌这些低级的记忆训练有用得多。【1岁10个月】

42　适时打破原则，为孩子的成长引路

为了控制圣斯玩手机，我们平时都会很注意，不再像以前那样总是握着手机玩了。每天，有节制地让他玩一会，除此之外的时

间，他要玩，我们都会拒绝。

早上，他妈妈在沙发上看手机，圣斯一旁瞧见了便说："要"。妈妈说："不行。"平时他一般都会撒撒娇、耍耍赖以达到自己的目的，但今天却出乎意料地采用了一种新方式。他说："妈妈，给。"然后双手抱拳看着他妈妈，嘴里一直嘀咕着"谢谢、谢谢。"看他这个样子，我忍不住笑了，并且感到十分意外。

这是圣斯第一次用感谢的"软方式"向大人要东西。老婆看着儿子可爱、又可怜的样子，就把手机给了他。

换在平时，我肯定不同意把手机给他玩，但是今天却不一样，孩子学会了一种新的"本领"，采取了"讨好大人"的方式来获取他想得到的东西，这对于一个不到两岁的孩子来说，显然是一个成长的表现。

在平时，我可以用很多理由来拒绝孩子的那些无理要求，但是在孩子每一次学会"新本领"的成长节点中，我们没有任何理由去拒绝他们，即便是原则性问题，此时也要为鼓励成长而让路。

如果这次我们看着儿子那可爱的"讨好"行为依旧断然拒绝的话，孩子就会认为这个行为和以往的撒娇行为没有区别。"新本领"得不到鼓励，孩子的想象思维就会遭到扼杀。所以，适时打破原则，为孩子的成长引路，这是家长在教育过程中必须领悟的一个细节。【1岁10个月】

43　不吃饭就断了他的零食

周末早饭时间，老婆在一边喂儿子。刚吃了几口，他就不想吃了，下了桌自己在一边玩。连续叫了好几遍，他还是不肯吃。

于是，我跟老婆说："不吃饭一会儿就断了他的零食。"

过了一会儿，儿子拿来一瓶奶片，笑眯眯地跑过来，想让他妈打开。我担心他妈心软，把持不住原则，见状后，我立即制止。他妈接过奶片瓶，随手就搁到了高处。儿子见奶片被没收了，闭上眼睛开始哇哇大哭。看他紧紧闭着眼睛的样子，一看就是假装的，明显的耍赖哭法，哭得一点都不真诚。

所以我俩都没理他，他看这招无效，哭了一会儿就自己又到客厅玩去了。等我俩都吃完早饭，看他碗里还是满满的一碗粥和两个煎鸡蛋。他妈妈就又叫了一遍，让他过来吃饭，他始终装作没听见，只顾自己玩。他妈妈

接着叫，他便在客厅地板上坐着，用手拍拍地板，意思是让他妈妈坐到地板上去喂。

好吧，这个我们可以妥协一下，我和老婆统一了意见。他妈妈端着饭碗坐在他的旁边，一口一口地把饭给喂掉。经过半个多小时的周折，圣斯终于把早饭吃完了。

这件事情的核心要点在于我们坚持了"不吃饭就禁吃零食"的原则。当孩子不吃饭的时候，家长一定要坚守住这个原则：不吃饭可以，但坚决要断了他的零食。至少在事情还在发生的过程中，不能给他吃零食。这个原则若守不住，就会滋养孩子的坏习惯，就会在他的潜意识中埋下这样的看法：不吃饭也无所谓，反正一会儿还有很多东西可以吃。如果家长几次坚持住这个原则，孩子就会慢慢找到规律：不吃饭就没有零食吃，要想一会儿还有东西可吃，那就必须把饭吃掉。久而久之，他就会明白，只有在正常吃饭的规律下，才能保证自己吃零食的权利，为了保障这个权利，他自然就会乖乖的把饭吃了。

有些家长为了让孩子吃饭，满屋子追着跑，有的还拿一些条件来交换，比如：你吃完饭妈妈就给你拿什么东西吃；你吃完饭就带你去坐"摇摇乐"，等等。这些做法其实都违背了教育的基本原则，吃饭成了一种交换，让孩子错误地认为：吃饭是父母的事情，好好吃饭仅仅是为了满足父母的要求。

因此，孩子若不想吃饭，那就给他这个权利，但是你必须要让他明白，不吃饭所要承担的后果：不吃饭就得饿着，即便是真的饿了，也没有别的东西可吃。让他尝到这个后果，比你用条件交换来的，极不情愿的下咽更有效。【1岁11个月】

44 一掌轻抚有多难啊？

每天晚上儿子都是听着我的《摇篮曲》，伴着我的一掌轻抚进入梦乡。今晚也不例外，在我轻吟的《摇篮曲》中儿子慢慢眯上了眼睛。嘴里哼着旋律，右手一直悬空地拍着他的胸口，拍得我胳膊都酸了。眼看儿子已经睡去，就停止了抚拍。

但还没停下几秒钟，儿子立刻又睁开了双眼。他在半梦半醒中用自己的小手轻拍胸口，意思是："爸爸，别停，继续拍啊。"看到这一幕，我不禁想笑。其实这也不是头一回了，好几次我以为他已经睡着了，当我停止抚拍的时候，他都会做出这个动作，有时甚至还在半睡中用他的小手来拉我的手，把我的手放到他的胸口，让我继续拍。这是一个极为简单的动作，但它的意义却非常深刻。

我继续拍了一会儿，看他又睡着了。便偷偷地下了床，准备走出卧室，刚想抬腿，儿子翻了个身，眼睛虽然还是闭着的，但是嘴里连喊了三声"爸"。听到这个声音，我又怎能忍心离去？于是又轻轻地爬上床去，拍着他的小屁股直到他熟睡。

随着孩子日渐长大，他们的要求会越来越多，出于疼爱，家长们一般都会尽力去满足孩子的要求。生活中，有些需求不是必要的，比如物质需求，适当控制可以遏制他们的欲望；但唯独有一样东西——爱，在孩子的成长过程中是一种必不可少的需求。

爱是什么？看似一个很大的问题，其实很简单，孩子需要的爱不过就是每晚睡前父母的一掌轻抚。

看似简单的一掌轻抚，其实就是一种爱的传递，一种无形的情感投资，在孩子幼小的心灵中，这一掌轻抚不知要胜过多少物质倾注。孩子，少吃点，饿不死；少穿点，冻不死；少上几个培训班，更不会影响孩子的成长。但惟独，若缺了这一掌轻抚，孩子的情感世界不知会失去多少光泽。

走笔至此，脑中浮现出一个画面：某日深夜经过一个路边烧烤摊，一桌男人在喝酒，旁边坐着个七八岁的小孩，始终低头在一旁玩手机，爸爸喝得正欢。当我回头路过此处时，孩子窝在旁边已经睡着了，而爸爸则喝得更欢了。

爱，难吗？一掌轻抚有多难啊？【1岁11个月】

㊺　要想孩子不长"歪"需把家长先扶"正"

周末，我带老婆儿子出去闲逛。在某商场五层的童装区，地上嵌着一架很大的电子钢琴，只要脚往上一踩，琴键就能亮还会发出声音。孩子们只要经过这里，都会毫不犹豫地踩上去，体验一把这新鲜玩意儿的"神奇性"。

我抱着儿子经过此处，儿子挣扎着要下去踩琴。因为之前我们来过这里，所以儿子记得这个"神奇"的玩意儿。圣斯走到其中一个琴键上，开心地用脚使劲踩琴。突然跑过来两个孩子，其中一个孩子很不耐烦地用手推了下圣斯，他的意思我明白："请你让开，别挡我的道，影响我们玩。"

看到这个情况，我说："嘿，你干嘛呀！"他没理我转身跑开了。这是别人的孩子，我没有权利去训斥他，也没有义务去教育他。此时我能做的，只有保护好自己的孩子。

儿子被他这么一推，原本开心的笑容突然严肃下来，站在一边发愣。我看这种情形，一把抱起儿子，把他放到了琴键上，我说："儿子，继续玩，使劲踩，别管他们。"从儿子的表情来看，被那个小孩这么一推，心里有点畏惧了，但又不知道怎么办好，所以站在一旁发愣。但是，当我重新把他抱回琴键上时，他好像感受到了爸爸给予的安全感，因为有爸爸的保护，他又玩开了。

事后，我告诉儿子说："以后再碰到这种情况，你一定要推回去。"我的目的不是要教孩子跟别人发生冲突，而是想通过这件事情让儿子懂得，生活中一定要学会必要的自我保护，不能任人欺负。不知此时儿子是否能够明白我的意思，但我坚信，以后我会一直这么教育儿子，因为学会"自我保护"是一个人在社会上独立生存的基本底线。

平时我们一直都教育儿子，对人一定要友善。如果是儿子推了别人，我一定会抓住这个机会好好地教育他："这是公共场地，是每个人都可以玩的地方，它不是你的私人玩具，所以即便有人挡了你的道，或打搅了你的兴趣，你也不能推别人，或者对别人不礼貌，因为你没有权利这么做！"如果真的是儿子推了别人，我一定会让他跟别人道歉。

遗憾的是，那位推人的孩子家长，一位老人，不知道是奶奶还是外婆，就坐在一旁的凳子上，看着他家孩子的"嚣张"行为，但没有做出任何反应，放纵了孩子的"嚣张"。后来我又看见这个孩子的爸爸跟孩子在一起，不知道他儿子在推人的时候，这位爸爸是否也在一边看着？

其实，孩子降落人间，都是赤裸而来，虽然有性格上的差别，但本性是相同的，都是一张"白纸"。随着孩子的成长，家长开始在这张"白纸"上写字，你若写个"正"字，孩子就正；你若写个"歪"字，孩子就会歪。这就是教育的差别。

孩子毕竟是孩子，像小树苗一样长着长着可能就会长歪。作为家长，即便你不会写"正"字，但最起码也要在孩子歪了的时候及时将他扶正。如果儿时不扶，当一棵小树长成了参天大树，歪性难

改。其实，大部分长歪的孩子都是因为家庭教育的缺失。所以要想孩子不长"歪"需把家长先扶"正"。【1岁11个月】

46　识字只是一种娱乐

快2岁了，圣斯到现在还不会说话，只能一个字、两个字的发音。但最近他却学会了一种新本领——开始识字了。

我们给他买了一本印有"喜羊羊"的幼儿读本，里面印着一个个大大的汉字，汉字上方配有形象的图片。他妈教了他几遍："大、小、多、少、左、右、内、外……"他就记住了其中的好些汉字，像"大、多、内、外"这些比较容易发音的字，读得也比较清晰；有些不好发音的字，他就发出个大概的声音。每次我们让他读的时候，他都特别高兴，用小手指着书中的大字，一页一页地翻着读。有时候，他会指着这个字却发出另一个字的读音。我们也不纠正他，让他继续沉浸在自己的快乐中。

老婆问我："他那么小是怎么记住这些字的？"我说："这跟看图说话没什么区别，孩子是完全凭借对字形的记忆而记住的。就跟他只要看见长胡子的就叫爷爷一样，是一种形象记忆。"所以，我们完全没必要去纠正他的对错，要的就是一个识字的过程，培养他对读书的兴趣，顺便激发他的语言能力。

这些汉字中，有几页是一到十的数字，教过几遍之后，他就记住了这些数字。在孩子惊人的记忆力面前，记这几个数字根本不用看书，读过几遍之后他就能脱口而出了。每天给爷爷、奶奶、外公、外婆打电话或视频聊天时，他都会表演一遍数数的节目，逗得老人们哈哈直乐。可是他对这十个数字中的三和四似乎有"成见"，每次刚数到二，就直接跳到了五、六、七、八，三和四总是跳过不数。有时候，我也纠正他一下，但效果并不理想。干脆，我们就顺着他的心意，"二、五"就"二、五"吧，谁规定了二之后一定就非得数三呢？

有的家长可能会担心，怕孩子养成习惯之后难以纠正。其实，5岁以前的孩子根本没有情景记忆，他们的记忆都是根据图像而得来的直觉记忆。也就是说，此时此刻儿子的"一、二、五、六、七、八"跳过"三、四"的数法，这个时间和空间发生的情景，在他的记忆中很快就会消失，所以根本不存在难以改正的问题。等他再长大一些，大脑发育再完善一些，三和四自然会印入他的大脑，现在担心这个问题完全是多余的。

对于不到2岁的孩子，识字只是一种娱乐，数数也只是一种游戏，跟孩子一起娱乐玩游戏，又何必那么认真呢？【1岁11个月】

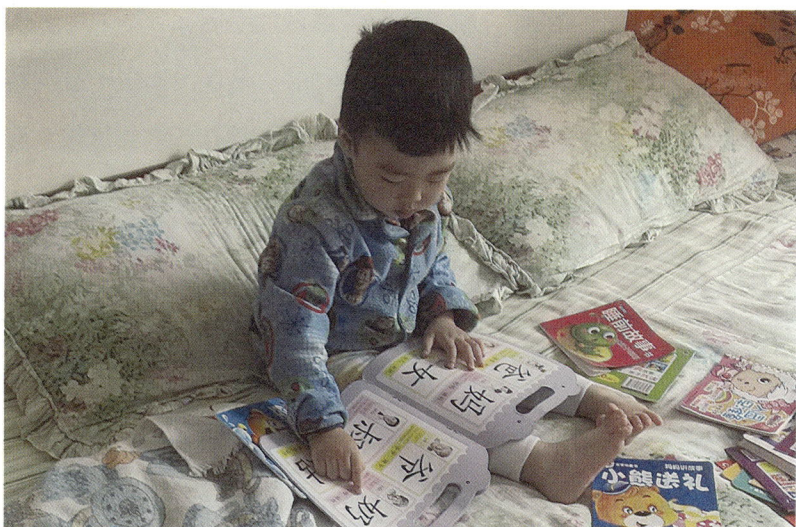

47　唱歌跳舞新本领

最近，圣斯疯狂迷恋上《江南Style》这首歌。以前他也经常听这首歌曲，但最近在网络电视上又搜到了这首歌曲的多个视频版本，有什么"僵尸版""柯南版""奥特曼版"等等。可能是平时看多了这首歌曲中的"骑马舞"场面，他对里面的舞蹈很感兴趣，便会不时的拿着手机，播放这首歌曲边听边跳。

由于他的肢体还不太协调，跳舞的时候总是一瘸一拐的，看起来非常好笑，经常把我和他妈妈逗得哈哈直乐。每次他看我们笑得越大声，他就跳得越疯狂。这是圣斯平生以来自学的第一支舞蹈，也算是一种本领吧？

还有一个新"本领"，就是能够有意识地唱歌和念歌词了。他最熟悉的一首歌就是我给他写的《摇篮曲》，从还没出生一直听到现在，他对这个旋律已经烂熟于心，只是还无法用语言表达出来而已。每当我唱起这条旋律时，他总会咿咿呀呀的跟着哼唱，旋律和歌词当然还唱不完整，但在哼唱中总会不时地跟我合上几个音，特别是每句歌词的开头和尾字，他都能够清楚地说出来。为了刺激他的语言能力，我经常让他跟我念歌词："宝贝，宝贝，宝贝快睡觉；爸爸妈妈最爱宝宝……"一个字一个字地引导，我念一个字，他跟一个字，虽然无法整句连起来，但是一字一字地顺着歌词往下念，也能凑合着把整首歌词念完。

平时他也爱听贾斯汀·比伯的那首"baby baby baby oh"，由于这句旋律上口、好记，听上几遍就记住了。有时我就跟他玩"接唱"，每当我唱完"baby baby baby"的时候，他就"oh"的一声将下一个音接上了；有时自己也能含糊地把这一句唱出来。看样子，唱歌这个本领是不用我们再教了。

可能平时受到我和他妈妈的影响，圣斯很喜欢音乐，尤其是唱歌。有一次我在家里（客厅）上声乐小课，示范着让学生喊一嗓子，没等学生出声，他在卧室倒先喊上了，而且喊出的音高跟我示范的那个音是完全一样的。很多朋友经常问我，以后想不想让孩子搞音乐？我的答案是：随他。现在他还不到2岁，但按照目前的情

况来看，不喜欢音乐似乎不太可能。当然，爱好和职业是两回事，至于这两者，以后就让他自己选吧。【2岁】

48 哭吧，孩子！

近一个月来，圣斯的个性越来越强，他的主观能动性也开始得到彰显。学会了很多新本领但也长了不少脾气。

2岁的孩子，可能都有这个阶段：语言表达能力尚不完善，但是心里的想法却越来越多，想得到但表达不出来，怎么办？只好用哭来解决。

近阶段，圣斯不好好吃饭。每到吃饭的时候，总是要跑到客厅那边去玩，然后"阿姨"端着碗跟在他边上，边玩边喂。我向来都不赞成这么喂饭，原来我和他妈妈都不惯他，到了吃饭时间，他必须坐到饭桌上来吃。但是自从家里雇了"阿姨"之后，他慢慢地摸透了"阿姨"的心思。平时上班我不在家，他妈妈心软又不愿贯彻我的"吃饭方针"，慢慢地就养成了现在这个坏习惯。有时候，他还拉着"阿姨"坐到床上去吃，这是多么不好的陋习。

还有一个习惯也让我很担心，就是当他想做一件事情的时候，不管在什么条件下必须立刻去做。换句话说，就是小任性。

一天晚上回家已经9点半了，本想洗个澡就睡觉的，但一进门他就要看"柯南"，我们和他妈妈都不同意，他就开始耍性子，自己跑到客厅电视前，闭着眼睛在那大哭。任我怎么跟他讲道理就是听不进去，在我们坚持不让的原则下，哭了好长一段时间才算过去。

从圣斯最近的一些情绪来看，根本的原因可能就是因为他的想法多了，总想自己来决定一些事情。但是，孩子的想法都是一些最原始的欲求，这些欲求或好或坏，如果此时大人不管，不对他的一些任性行为加以约束，最终会让他养成一些不良习惯。这个年龄，他的要求都是一些鸡毛蒜皮的小要求，比如看电视、玩手机、边玩边吃饭等，如果此时我们什么都顺着他，他的要求就会越来越多。然而某一天，当我们无法满足他的要求时，那该怎么办？一个孩子的失足往往都是从幼时养成的坏习惯开始的。所以，为了孩子的未来，我必须站出来"唱白脸"。

之前，因为我上班，平时只有晚上和周末在家，和儿子相处的时间不长，即便看到他的一些小任性，哄哄也就过去了。这次赶上十一长假，正好在家休息，看到这些情况，也引起了我的高度重视。怎么办？必须管。

孩子的脾气一般都是，你越不让他干嘛他就越想要干嘛，然而当你逆了他的心愿时，他就会选择以哭相要挟。如果你态度坚决，就让他哭。这种哭，千万不要太当一回事，那只是一种心理释放。哭的时候，大人可以不理他，哭得无趣了，他自然也就停了。如果此时，有人过去替他擦眼泪或安慰几句，他会因为你的在意而越哭越烈。

小孩都是"机灵鬼"，这个阶段的孩子开始长心眼了，他会观察大人的一举一动，以此来判断是不是继续哭下去。所以，放任他哭就是最好的管束。遇到孩子的任何一种小任性，坚持原则，不打不骂，让他哭，必要的时候可以抱着他哭，跟"小鬼"过招，就得跟他斗智斗勇，让他无缝可钻。

可能是因为最近我管得多了一些，他开始对我产生了一些"敌意"。原来问他"爸爸好还是妈妈好"的时候，有时妈妈好，有时爸爸好，但现在非常坚决地变成了"妈妈好"，不管我怎么追问，绝不动摇。

此外，他还对我采取了一个比较严重的惩罚，就是取消了晚上我陪他睡觉的权利。一到睡觉的时候，他就开始找妈妈。有一天，我使出浑身解数，又讲故事又唱歌，都已经把他哄睡下了，但睡了一会儿不知他突然想起了什么，哭着就要找妈妈，跳下床就往客厅跑去。

种种迹象表明，我已经被儿子"拉黑"了。尽管如此，我承受着被取消陪睡权的巨大心理创伤，依然坚持我的管束原则。我想，"小鬼"终究会长大的。到那时候，爸爸好还是妈妈好？再见分晓。【2岁】

49 孩子变"坏"了?

最近,面对这个难缠的"小鬼",我这个爸爸有点失落。不管我怎么讨好他,他都没有以前那样喜欢我了,而跟他妈妈却越来越亲,爱搭不理的一下子把我这个爹晾在了一边。高兴了,就过来和我玩一会,不高兴了就立刻体现出对我的讨厌。这在以前从没发生过。

我感觉到,这是他的自主性在增强,正是因为自我意识的加强,最近他学会了非常直接地"要求"与"拒绝","要"和"不要"始终挂在嘴边,而且对于自己的需求表现得非常迫切。

有天,他向妈妈要手机,他妈妈说等一会儿,他就不耐烦了,大声说"要、要。"然后就开始用手拍地以示不满。早上起来穿裤子,他妈妈说:"天气凉把裤裤穿上。"他非常干脆地甩出两个字:"不要!"好说歹说之下才把裤子穿上。晚饭时间到了,妈妈说:"吃饭吧。"他说"不要。"说完以后不理你,只顾自己玩;晚上坐在沙发上看电视,一本正经地盯着屏幕,我过去跟他打招呼,他也不理我;然后我"贱贱地"过去亲了他一口,他很不耐烦地又甩出两个字"不要。"

非常明显,这个小孩喜欢沉浸在自己的世界中,以自己的情绪来决定他的行为。他的心里有了一杆秤,开始以他自己的标准来衡量事情的尺度了。

睡前，我给他讲了好几个故事，到了该睡觉的时间，我一边收拾他的书一边跟他说："贝贝，该睡觉了。"他一听要睡觉，赶紧爬过来，嘴里说："玩。"同时用他的小手噼里啪啦的把我刚收齐的书又打乱了。看得出来，这是一杆心理标尺，他认为：平时讲故事的时候，玩的时候，书都是散放着的，现在我把书收拾整齐了，也就代表不让他玩了，所以他用自己的方式来拒绝我的要求，并且用打乱书的自主行为向我提出抗议。没有办法，他想继续玩的要求非常强硬，不满足他，他就哭。怎么办？只好让他继续玩，玩困了再说。

种种迹象表明，儿子开始不受我们控制了，就在这短短的一个多月的时间里，他再也不是那个什么都依着你、顺着你的小乖乖了。是儿子变"坏"了吗？

其实，这是孩子的一种适龄行为，每个孩子到了某一个年龄阶段，都会出现那个阶段特有的表现。1岁半到2岁之间，这个阶段是孩子思维获得成长、自主意识增强的一个阶段，此时他们表现出的"冷漠"和"不友好"，其实都是一种正常现象，体现的都是自我意识的增长。这些表现会随着年龄的增长，到2岁之后逐渐消失。然后他又会像小乖乖一样，黏着你、缠着你，和你友好地交流与沟通。

如果我们不了解孩子的适龄行为，把这种正常的表现看作是

"坏"或"不乖",岂不是冤枉了孩子。前几天,儿子无理哭闹,经我几番哄劝都不见效,我曾向他大喊:"不许哭!"其实,那个时候不管我怎么喊,他都是听不进去的。所以,今天我要为我前几天的错误行为向儿子道歉。所幸的是,我在翻阅了一些育儿书之后,从书中找到了答案,让我能够在面对儿子的"冷漠"和"自我"时,得到些许自慰。

孩子的成长是一步一进阶的过程,每一个阶段都是一格不可逾越的台阶,了解孩子的心理,把握孩子的心态,陪着孩子一步步地成长,这是所有家长的任务,也是责任。【2岁】

50　你可关注到孩子的成长?

周末,圣斯 8 点多就醒了,他嚷嚷着要去客厅看《江南Style》,嘴里不停地嘀咕着"南、南……"我和他妈妈睡意正浓,谁也没有理他,而是在半梦半醒中扔给他一堆书,然后继续睡觉。他看这形势,觉得再喊也无用,于是就自己玩上了。他一边看书一边嘴里振振有词地嘀咕着什么,好像是在"晨读"。

过了一会儿,他爬到妈妈身边,摸摸他妈妈的鼻子和嘴巴,然后用手掀着妈妈的眼皮,意思是:"睁开眼睛,该起床了。"看他妈妈没反应,自己又继续开始"晨读"。从他的这个行为可以看出,"小鬼"的自主意识越来越强了。之前,他若是醒了,最多也就是要这个、要那个，只是单纯的需求而已，而现在他不仅要求别人来满足他的需求，而且还开始用自己的主观意识去指使别人，让别人按照他的意思去做。这正是一种自主性的流露，从这一件小事可以看出，"小鬼"的大脑正在不断地发育。

之后，他又玩了些什么我就不得而知了，因为我又睡着了。等醒来一看表，已经9点半了，于是起床开始吃早餐。

他坐在我对面，我鼻子痒，顺手挠了一下鼻子，他就非常自然地模仿了我的动作。我看他有意模仿，便又故意捏了一下自己的鼻子，随即他又笑眯眯地捏了一下自己的鼻子。看得出来，在这个阶段，模仿大人已经成为一种有意识的主观行为。他对大人的一举一动都表现出浓厚的兴趣，但此时他还无法分辨行为的好坏，所以大人的一举一动，都将成为孩子的"镜子"，这面镜子干净与否，将决定孩子的未来形象。

我发现，圣斯在模仿我的时候，只要我表现出关注的态度时，他就会连续重复他的模仿动作。睡前，我让他念一遍自己认识的那些字。念着念着，念到"山"字的时候，他突然停住了，我说："这个字你不认识了吗？"他愣了一会儿，突然把头凑到离书很近的距离，认真地盯着那个字看。冷不防地冒出这么一个动作，把我和他妈妈逗得直乐。我一边乐一边说："你是看不清楚吗？字太小了？"他看我们都乐了，这下他可来劲了，眯着眼睛笑呵呵的，连续反复地重演着刚才那一幕。可见，大人的关注对于孩子的行为具有多么重要的激发性。

这个阶段，圣斯越来越浓地表现出需要大人关注的心理，此时如果我们无视儿子的新本领，这将扼杀他对新行为、新能力的进一步开发。你想，如果你是孩子，当你学会了一个"新招"，所有人都无视你的"新招"时，你还有兴趣再去开发"新招"吗？所以，关注孩子的新能力、新本领，这将激发孩子更多的探索欲望，在他向你展示新本领的时候，千万不要敷衍，一定要真诚地表现出你对他的赞赏。

谈到对孩子的关注问题，还有一个现象需要关注。现阶段，儿子特别喜欢帮我做事，而且在他帮我做完一件事情之后，他会体现出特别开心、特别满足的心情。

每次我泡茶，他都要过来凑热闹，我怕烫到他的手，便只允许他拿我的杯盖，不许他动我的杯子。所以，现在每当我泡茶，他就会笑眯眯地跑过来拿走我的杯盖，等我沏完茶后，他又主动地帮我把杯盖盖上。

这是多么简单的一件事情，但是每次当他帮我盖上杯盖之后，我都会对他进行表扬，而他每次受到表扬之后，心理得到了满足，都会很开心地离去，就不再动我的"烫杯子"了。这种关注既满足了孩子的心理又避免了孩子触碰热茶的危险，一举两得。

还有一件小事，也体现出了他想参与大人行为的主观意识。晚上我给他讲故事，以前都是我讲，他乖乖地坐在一边听。现在他变得不老实了，我在讲的时候，他总是喜欢帮我翻页，每翻一页都表现出非常开心的表情。有时候，这一页还没讲完他就要翻，我说："没讲完呢！"他就停住了；这页讲完之后，我说"翻！"他又笑眯眯地帮我翻过一页。原来是我讲他听，我主动，他被动；现在是我讲他翻，一边翻一边听，他和我是一种合作，在我们的合作中，他主动参与了讲故事这件事，这种参与让他感受到了自己的能力和作用，使他的心理得到了满足。这是孩子成长的一种表现。

孩子在成长的过程中，千万不要认为孩子小什么都不懂。日常生活里，对于一些没有危险的事情，让孩子主动参与，让他（她）和父母一起完成一些事情，不仅是一种很好的亲子体验，而且还可以激发孩子对新事物的开发能力。

总之，关注孩子的内心，关注孩子的感受以及他们的每一个小动作和小心思，这将有利于增进父子和母子之间的感情，使孩子获得更大的安全感。【2岁】

51　撕书泄愤

睡前，按照惯例我在床上给儿子讲故事、念儿歌。先领着他读了一会儿汉字，然后便给他念"三字儿歌"，我一个字一个字地念，他一个字一个字地跟。念了一会儿，他有点不耐烦了，便自己开始翻书，捧着这本《儿歌》翻来覆去地翻页。而在我溜了下号的工夫，回头看见儿子竟然正在撕书！他把《儿歌》的第一页齐着边，已经撕下了一半，我见状立刻制止，我说："不要撕，别撕、别撕！"还没等我说完，这一页已经被他撕掉了。

我表示非常气愤，开始跟他讲道理："书是用来看的，不能撕。"听着我的道理他也承认了自己不对。没过一会儿，他自己坐在一边开始抽泣，我以为他要哭，可抽了一会儿却没哭起来。

转眼，我看他又撕上了另外一本《识汉字》的书。见状，我立刻又叫了起来："不能撕！"他见我对他大声叫唤，不但没停止反而增加了他对这书的"仇恨"，加快了撕的速度，把一整页"唰"地一下给撕了下来。撕完之后坐在一边嘟着嘴又开始抽泣，但依然没哭起来。看他的表情好像非常气愤。

据我分析，第一次撕书应该是不小心，但是在我对他进行批评之后，他感到不满，所以实施了第二次撕书，以此来向我泄愤。看得出来，这个"小鬼"已经开始学会了"积怨"。

撕完书之后，我没有训他也没有给他再讲道理，我拿来了透明胶带，坐在床上开始粘书。我故意坐在他的面前粘，我想让他知道，他撕完书之后爸爸还得给他粘上，这是多么麻烦的事情。在粘的时候，我还让他帮忙，让他用小手帮我固定住残页方便我用胶带往上粘。我知道，这个阶段的小孩，都喜欢给大人打下手，所以他非常配合我的工作，很情愿地帮我粘好了其中一页。但由于他的小手固定不稳，粘的相貌非常难看。

　　其实，我的目的是想让他知道撕完书之后粘书的麻烦性，让他参与，重在启示和教育而非真的需要他的帮助。我也知道，此时更多的说教，没有意义。一是，这个阶段他还无法领会大人的意思，你说不能撕书，他并不明白为什么不能撕书，小任性要是上来了，根本管不住自己的手；二是，啰里啰嗦再多说教，可能会引起他对书的反感，加深他对书的"仇恨"，反而引来不好的效果。身教重于言教，所以我在他的面前演了一场戏，粘书给他看。我敢肯定，这场戏要比多少说教和训斥都更加有效。【2岁】

52 圣斯变"乖"了

圣斯2岁生日快到了。前一天晚上，哄睡儿子之后，我便和老婆开始布置客厅，拉彩条，挂气球，把客厅装饰得五彩缤纷。一早，儿子起床来到客厅，看到这一片五彩的装饰，满地的气球，他有点发愣，情不自禁地发出了"哇"的一声，高兴极了。

中午，我们请来了几个小朋友和他（她）们的妈妈一起共进午餐。4个小孩在一起热闹得不得了。他们一会在床上蹦，一会玩气球，你追我赶的好不热闹。吹完蜡烛，吃午餐，直到下午两点多，小朋友们姗姗离去，离别时一个个都依依不舍的，好像都没玩够的样子。

儿子2岁了，近半个月来，他变"乖"了。其实，圣斯一直都挺乖的，之所以说他变"乖"了，是因为进入2岁阶段，他的脾气和行为都有了很大转变。前一个月，他都不理我，让我无比失落；最近，他对我的态度开始好转，早上起床，看到我的第一眼，都是淡淡一笑，有时候还轻轻地叫一声爸爸。今天我下班回来，儿子刚醒，我爬上床躺在他的身边，他爬过来躺在我的怀里，活像一只小绵羊。此时与上个月，儿子判若两人。

我知道，这种转变是孩子成长的适龄行为，因此我没有被儿子的小甜蜜冲昏头脑，因为我知道，再过数月他还会像上个月那样和我冷漠对抗。

孩子的成长是一种"乖"与"不乖"的交替式进程，这个阶段变"乖"了，那就让我们好好享受这段甜蜜的幸福时光吧。

自从儿子学会说"要"和"不要"之后，这两个词始终挂在嘴边。不同的是前一阶段他嘴里说出的"要"和"不要"，都是非常坚定的语气。当他想要或不想要某个东西的时候，态度非常强硬，而且还经常流露出"仇视"的眼光，极不耐烦地"要"或"不要"。而最近半个月来，当我问他"要"或"不要"的时候，他开始转向一种柔和的语气，轻声轻气地发出一种小绵羊似的声音，即便有时候碰个"钉子"，但听着儿子那轻声细语的"不要"，这个"钉子"却碰得一点也不疼。总之，这个阶段，儿子的态度中再也没有了"火药味"，从一个"坏小子"瞬间转变成了一个"乖小子"。

当然，我们不会因为儿子的"不乖"而责怪他，也不会因为儿子"变乖"而纵容他。小孩子，即便再乖也有撒娇的时候，我们坚决不向撒娇低头，绝不纵容孩子耍性子，这是我们的育儿原则。在享受儿子乖巧温柔的同时，继续保持不娇惯、不纵容的原则，为儿子的健康成长把持方向。【2岁】

53 给儿子的一封信

宝贝，你已经2岁了，这两年过得真快。前几日当爸爸翻开相册看你的照片时，突然发现我再也不能让你老老实实地躺在小床上听爸爸给你唱歌了，取而代之的是今天你已经满地飞跑了。我知道，今天很快也将会成为过去，在不久的某日，当你比爸爸妈妈还要高的时候，我们一定会怀念现在的这段时光，会不时地想起你这个总给我们制造麻烦的捣蛋小鬼。

随着日子的推移你终究会长大，也终究会离开爸爸妈妈，自己去感受这个世界的酸甜苦辣。爸爸妈妈也终究不能伴你一生，有一天你必须自己去面对这个世界。所以，有些话趁你还小，爸爸要趁早对你说说。

兴趣

爸爸妈妈都是搞音乐的，从你还没出生，就已经沉浸在了音乐的环境中。从你今天的表现来看，不喜欢音乐好像不可能。至于以后你搞不搞音乐，我从来都没有考虑过，因为这需要你以后自己去选择。不管以后你搞不搞音乐，爸爸还是给你准备了很多乐器。培养兴趣很重要，钢琴、口琴、电子琴、非洲鼓、尤克里里……还有很多，有些是爸爸妈妈工作需要的，有些是专门为你买的。现在看来，你对这些乐器还是一种无意识的接触，但可以看出，爸爸的"摆弄"对你的影响很大，如果你喜欢，这些全都是你的玩具，你就尽情玩吧。

不过，钢琴这件乐器，爸爸妈妈都希望以后你能够认真学习。我们不想你成为钢琴家，但是钢琴它可以给你很多东西，可以锻炼你的意志和持久性，当然它也可以帮助你开发左右脑，使你的思维变得更加敏捷。它既可以陶冶你的情操，也可以让你变得更加聪明。其他的乐器，凭你的兴趣选择吧，这些都是你的玩具，都是你的好朋友，它们会一直陪伴着你。所以，你喜不喜欢都要好好地爱护他们，像朋友一样对待他们。以后搞不搞音乐，这些乐器都是你记忆中非常值得回忆的"老友"。

诚实

小孩子要诚实，不能说谎，这个原则不仅是对于现在的你还是以后的你，一定要牢记。一个人的信誉首先来自诚实，只有当你坦诚地对待别人，别人才会用同样的方式来对待你。对待一件事情，怎么想你就怎么说，怎么说你就怎么做，这是诚实的基础，言和行永远都要一致。当然，诚实的前提是要学会判断什么是虚伪，但是这个世界的很多事情并不是只有"黑"和"白"那么简单，以后长大了你就会知道。不过，只要有诚实做基础，必要时偶尔虚伪也没什么大不了的。有了诚实这个基础，我想以后你肯定会用你的智慧去判断什么时候该诚实，什么时候该虚伪。

善良

《三字经》的开篇就讲到："人之初，性本善。"善良是一个人与生俱来的本性。现在，你才2岁，你的内心是纯洁无比的，是一颗不曾受过任何污染的心灵。但是在以后的人生道路上，你会遇到行行色色的人和事，但是不管怎样，爸爸希望你能够始终坚持向善的人生态度。因为在这个世界上，只有善良才能够让生活更美好，如果你的内心友善，那么你的生活就能获得更多正能量，这样的人生是不会差到哪里去的。当然，"善"与"恶"也是很难决断的事情，还是那句话，只要你内心有了"善"的基础，我相信以后你会用你的智慧来分辨善恶的。纯净之水之所以纯净，是因为它没有杂质；人心如水，以善为本，希望你的人生能够像天山之水一样，纯净而善良。

独立

独立是一件很重要的事情，从出生那天起，你就是一个独立的个体。你不属于爸爸也不属于妈妈，更不属于任何人，你只属于你自己。因为你是一个实实在在独立存在的个体，所以你必须学会独立生存的本领。关于独立主要有两个方面，一个是生活的独立，一个是思想的独立。

先说生活的独立。爸爸希望你从现在开始就可以和爸爸妈妈一起来做你会做的一切。比如你把爸爸的书从书架上拿下来，再想放回去，却因为自己个子还太矮，暂时够不着书架，本想放弃的时候，但你听爸爸说应该把书放回原处后，又继续踮着脚吃力地往上递，等你放了三次，终于弯弯斜斜地把书叠在了其他书本上的时候，其实你已经完成了一个独立的行为。爸爸一直在旁边看着你，但始终没有帮你，因为爸爸知道，你迟早需要自己去完成更多这样的事情。当然，这是一件小事，这是你现在所能独立完成的事情，它可能一点都不重要但是它也很重要。以后，你慢慢长大了，可以独立完成的事情会越来越多，你要记住，只要自己能够独立完成的事情，一定要自己做。当然，这和以后你会接触到的"团队精神"并不矛盾。只有具备了独立做事的本领，以后你才有机会与人合作。

再说思想的独立。思想的独立就是让自己成为自己。一个人如果不会独立思考，那么你的存在对于这个世界是毫无意义的。一个人的价值不在于他拥有多少知识，而是拥有多少思想。因为知识是随时可以获取的，如果你需要，只要花费一些精力，你就可以获得你想要的一切知识，尤其是我们身处的这个信息时代，网上什么都有，你想要的知识应有尽有。但是思想是无法随时获取的，因为思想是思考问题的思维方式，它需要你从小养成。所以，爸爸希望你从现在开始就要随时思考你所能够思考的问题。对于现在的你来说，这个世界还充满神秘，充满好奇，你若有意，爸爸愿陪你一起探索世界，探索未来。因此，看待问题，你时刻都要站在自己的角度去分析、去评价、去判断，当然这需要你平时花费很多的时间和精力去观察和思考身边的事情，这样才能具备评价与判断的基础。独立的思考能力有了，你就可以树立独立的人格；有了独立人格，就有了独立精神。一个人，归根结底就是要有精神。有了精神，你的人生就天下无敌了。

自由

自由是一个人的权利，虽然你在以后很长一段时间里还不能脱离爸爸妈妈的怀抱去独自成长，但是你却可以在我们的身边自由成长。前面已经跟你讲过，学会思想独立，你的思想就自由了；学会生活独立，你的生活就自由了；思想和生活都自由了，你的身心也就自由了。所以，爸爸在前面跟你讲的独立的问题很重要。爸爸妈妈给你自由，并不意味着你就可以毫无约束地放纵自己。比如学习的问题，爸爸不希望你为了分数而每天愁眉苦脸，但是对待学习的态度一定要认真。这个世界上很多事情就怕"认真"二字，你认真了，困难就会退缩。在认真的前提下，你一定要把学习当作一件快乐的事情，要自由地学习，成绩好坏不重要，重要的是你曾快乐地体验了学习的过程。对于繁重的作业，是你以后必须要面对的一个问题。如果你觉得有用，那就好好完成；如果你觉得没用但又无法违背老师的意愿，我希望你能够把它当作一件磨练意志的过程，毕竟人的一生将会面对很多你不愿意做但又无法不做的事情。如果你能这么看，你的内心就自由了，内心自由了做任何事情都会快乐。

在以后的道路上，面对每一次选择，爸爸妈妈希望你都能够有自己的抉择，当然我们会从很多角度给你意见，但是最终的决定一定会让你自己来做。因为，你是一个独立的个体，你是自由的。如果你选错了，那也未必是件坏事，因为你思考了、判断了，即便错了，对下次的选择也是有帮助的。

在判断或选择一件事情的时候，你要记住，自由是前提。如果这件事情是有价值的，又是你所愿意做的，你可以很快乐地把它做完。但是面对一件不得不做但又很不想做的事情的时候，你逃避或接受，结果都必须面对，如果遇到这样的情况，若能以自由的心态去坦然接受，那么你的行为就变得自由了。归根结底，自由是一种心态。在人生的道路上，很多事情并不是都能够如你所愿，自由与否关键在于你的内心。

宝贝，你正在一天天的长大，而爸爸妈妈却在一天天的衰老，你的成长岁月就是爸爸妈妈衰老的足迹。时间是个"小偷"，一不小心他就会溜走，所以请你一定要牢牢地抓住"他"，珍惜当下的每一刻时光，不要浪费一分一秒。年轻的时候，你一定要学会"花"时间，但是你不必对你花了较多时间而获得较少而耿耿于怀，时间只要"花"了就不必心疼，有一天你的这些"花销"迟早会赚回来的。

"少年不努力，老大徒伤悲。"这个少年就是因为不会花时间而浪费了大把的时间，等到老了却一无所有。所以你要记住，少时的付出不用计较得失，时间是沙，底若结实，越积越多；底若虚无，一生沙漏。

宝贝，你的人生路才刚刚开始，爸爸妈妈会给你最好的爱，希望你能够诚实地、善良地、独立地、自由地走在人生的大道上，快乐成长。爸爸妈妈永远爱你！【2岁】

亲子时间

诫子歌

词曲：尤静波

演唱：高歌 尤静波

我的宝贝 你已几岁（儿子：2岁）

爸爸妈妈 希望你能学会

诚实善良 要抛掉虚伪

风风雨雨 你都必须面对

我的宝贝 你要领会

爸爸妈妈 对你的教诲（儿子：什么教诲？）

学会思辨 开拓思维

尤其是时间 不能浪费

少年不努力 老大徒伤悲

这是一个永恒不变的轮回

自由和独立 邀快乐相随

它将决定你的未来 一生的行为

（妈妈）宝贝，爸爸妈妈跟你说的话你都记住了吗？

（儿子）贝贝记住了，贝贝听话，贝贝乖。

爸爸我爱你

第三篇　爱他就走进他的世界【2-3岁】

1　将彼此的思念汇成一个温暖的家

还有一个多月，我们的第二个宝宝就要出生了，于是把老婆和儿子送回了哈尔滨娘家待产。

圣斯的性格是慢热型的，到了外婆家，面对陌生的环境和许久未见的外公、外婆，他显得有点拘谨。没待一会儿，就哭喊着要走。我问他要去哪里？他说要"回家"。我说："这可回不去了，我们不是坐汽车来的而是坐飞机来的。"他便抱着我哭了一会儿，情绪才慢慢的恢复了平静。到了下午，环境和人都熟悉了，爸爸妈妈也在身边，圣斯逐渐融入了新的环境。

第二天一早我要赶飞机，6点钟起床，吃了口早饭，6点半准备出门。儿子还在熟睡中，从起床到出门的半个小时，我吻了他三次。舍不得走但不得不走。

登上9点钟的飞机，飞在万丈高空，俯视大地，瞬间觉得沟沟壑壑都那么美丽。此时，我已把老婆和儿子甩在了千里之外，正是这万丈距离让我们的爱瞬间变得更加甜美。当飞机落地的那一瞬间，我和老婆、儿子已相隔千里，在大地两头我们隔空思念，这种感觉，说不出来！

是幸福吗？我肯定，那就是幸福的感觉。很多人都在寻找幸福，却不知道幸福时刻就在身边。挂念，是最幸福的一件事；然而，对于妻儿的挂念则是幸福之最。更何况还有几周之后对"二宝"的期待，此时我浑身上下流淌着一种无可言喻的幸福感。

晚上回到家，屋里空空荡荡的，北京的冬天，暖气此时还没供上，感觉冷飕飕的。可这寒气怎么也无法和我内心的思念与期待的温暖相抗衡。我坐在电脑前敲打着这些文字，冷冷的、暖暖的，感觉甚好。

晚上和儿子视频，老婆说："我走了一天，他根本没找我，而且已经和外公打得火热了。"他妈妈和外婆出去买东西，把他和外公留在家里，他不但没找妈妈而且还和外公一起睡了个下午觉。在视频中看到我，儿子也没有表现出特别热烈的表情，只是淡淡地跟我打了声招呼，不冷不热的好像对待陌生人一样。

起初我有点失落，但在细想之下我觉得这也不是什么坏事，能够快速融入新环境，这说明孩子的适应能力较强。从现在开始，是应该培养他离得开父母的习惯了。独立的第一步，从现在开始。

在接下来的几周里，思念是一枚小小的邮票，我在这头，他们在那头。我们将遥远的距离幻化成无时无刻的念想，将彼此的思念汇成一个温暖的家，我在大地这头，深深地思念着大地那头的"她"和"他"，一直等到"他"的出生，然后我们一家团聚，聚成一个满满的圆。【2岁1个月】

② 迎接弟弟

一大早，老婆肚子疼。岳母赶紧把老婆送去了医院，岳父在家照看圣斯。此时我正赶赴在北京飞往哈尔滨的途中。

圣斯早上醒来，发现妈妈和外婆都不在，外公在厨房做饭，关着门也没看见。他便从床上下来，在客厅找了一圈后发现四处没人，就哇哇大哭了起来。外公隔着两扇门，没听见圣斯的哭声。哭了一会儿，他看没人哄他，就自己回到了卧室，关上门一个人在屋里哭。等外公推门进去时，只见圣斯自己拿着纸巾在擦眼泪。这一幕，着实让人心疼。

他妈妈接到外公的电话，听到这个消息，哗的一下眼泪就下来了。赶紧让外婆赶回家中把圣斯接到了医院。

我下了飞机直奔医院，刚进医院大厅，正巧碰上岳母抱着圣斯。圣斯看见我没有反应，一脸严肃。到了病房，我从包里掏出很多吃的给他，儿子和我笑了。整整一个月的分离，这一笑，我的心里暖透了。

让我感到幸福的是，儿子并没有因为这一个月的分开而跟我陌生，一整天他都跟我非常亲近，一直赖着我，要我抱。或许是刚刚体会了早上妈妈不在身边的经历，所以他看到爸爸觉得很亲近，想从爸爸这儿寻找一丝安慰吧。

下午，根据约定时间，他妈妈要去生弟弟了。我准备陪老婆去手术室，让外婆陪圣斯留在病房准备迎接弟弟。当我们正要离开的时候，圣斯又开始大哭并朝我们跑来。外婆随即拉住了他，让我们走了。

过了一会儿，外婆抱着他来到了手术室门口，她说实在是没办法了，脸都哭青了。接过儿子，他就一直贴在我的怀里，表现得特别乖，一直等到妈妈出来。

弟弟出生了，圣斯当哥哥了，他很兴奋，一下午都没睡午觉，晚上也特别兴奋，直到11点多才睡。晚上睡觉的时候，由于妈妈刚做完手术，不方便陪他，圣斯便乖乖地依着我，和我一起睡在旁边的陪床上。这一天我满满地享受着做爸爸的快乐。更让我感到幸福的是，此时我已成为了两个孩子的爸爸。

弟弟被抱回病房，圣斯看着婴儿床里的弟弟，不时地跑过去看一看，有时看我在跟弟弟说话，他也过来拍拍弟弟。弟弟出生的第一天，圣斯表现出了十足的哥哥风范。从他今天的行为来看，我相信兄弟俩一定能够和睦相处，相携一生。【2岁2个月】

3　一家人在一起哪里都是家

圣斯在医院陪着妈妈和弟弟住了5天院。这5天来，除了第一天妈妈生弟弟时圣斯候在手术室门口等妈妈，后4天他连病房的门都没出去一步。幸好我们住的病房较大，圣斯在这有限的空间里"毫无怨言"地生活了5天。也许在儿子的心里，只要能和爸爸妈妈在一起，哪里都是家。

第一晚，他和我睡的，比较顺利。可能是那天早上经历了妈妈不辞而别的恐慌，到了医院看到爸爸，重获了安全感，所以一整天都和我很好，晚上睡觉也很乖。

从第二晚开始，每晚一到睡觉时间他就开始找妈妈，非要从我的床上移到对面妈妈的床上去。一过去就不肯回来了，非要和妈妈睡，不管我怎么讲道理就是不听。他自己也说妈妈疼，但终究无法摆脱对妈妈的依赖，赖在他妈床上每天都要折腾到半夜才睡。执拗起来什么道理也听不进去。

但仔细一想，圣斯也真不容易，因为大人住院，他也陪着"遭罪"好几天，吃不好、睡不好，还不能和他最亲的妈妈同床睡觉。这样看来，我又觉得圣斯特别乖，特别棒，当我每晚看着他那可爱的熟睡脸庞时，心底都会冒出一种愧疚感。可孩子并不会想到这么多，不管条件好坏、吃睡如何，只要能和爸爸妈妈在一起，那就是最安全、最幸福的，或许这就是孩子最需要的东西吧。

每天早上醒来，他只要看到爸爸妈妈都在就特别踏实，伸伸懒腰，懒懒地从床上爬起来，用他尚不成句的片言只语和你交流着猜谜一样的话。其实，一家人在一起，不管条件如何，只要内心踏实、灵魂安逸这就足够了。别说是住院这几天了，一辈子也可以啊!【2岁2个月】

④ 自我意识的增长

圣斯这一个多月来变化很大，不仅个子长了不少语言表达也有了长进。虽然他说话比较晚，都已经2岁多了还不能说上一句完整的话，但与上个月相比，他的表达能力强了很多，两三个字的短语基本上都能说出来，而且已经开始能用这些短语来表达他的想法了。

孩子越大想法就越多，圣斯近期表现出了非常强的自我意识，经常一个人沉浸在自己的世界中，容不得别人打扰他的活动，也容不得别人表现出和他不一致的想法。一旦他的"自我世界"被干扰，就会立即反抗或不高兴，接着就会耍脾气。

前段时间，我一人在北京，圣斯和妈妈在哈尔滨外婆家，好几次当我和老婆视频的时候，他都表现出不愿意、不高兴的情绪。后来经我分析我得出一个规律，只要他的手里正拿着他妈妈的手机在玩，这个时候发起视频聊天他都会不高兴。因为我干扰了他的兴致。

有一次，他正和外婆用手机放音乐，两人在一起跳舞，兴致正浓时我发起了视频聊天请求，打扰了他的"雅兴"，他便不高兴了。还有一次，他正拿着手机在看照片，这个时候我的视频进来了，他也表现出极不情愿的表情，不仅不愿和我对话而且还不让他妈妈和我聊天，伸手过来就要关掉视频。显然，他所沉浸的"小小世界"被我干扰了。

另一个现象就是他的态度经常变化无常。晚上，一家人坐在一起看电视，看到一档亲子节目，起先他非常喜欢看，坐在我身上目不转睛地盯着屏幕，但没过一会儿就表现出了不耐烦的情绪，大声喊着"不要、不要。"态度如此坚决，没有任何商量的余地。

怎么会这样？是孩子变坏了吗？其实，这是一种典型的"自我意识"的流露。此时他的小脑袋瓜里，没有别人只有自己，自己想到什么就必须立刻去做。如果你不按照他的意思立刻去办，他就会表现出极不友好的态度。换句话说，就是听不进任何道理。他又迎来了一个无法讲道理的时期，因此在这个年龄阶段，根本不用跟孩子讲道理。你对他讲一百句道理，还不如给他一个喜欢的东西。你用一个"苹果"或许就可以让他停止"耍赖"，但若跟他讲道理，那至少得准备一壶开水润你的嗓子。

这几天，由于他妈妈刚生完弟弟伤口还很疼，只能躺在床上静养。圣斯时刻伴在床上，喜欢黏在他妈妈身边，有时高兴了就在床上蹦。我跟他说，妈妈伤口疼，让他别蹦。他一般都听不进去，不高兴，接着蹦。蹦了一会儿，他自己也会说："妈妈，疼。"虽然明知道妈妈疼，但就是无法理解这"蹦床"和"妈妈疼"之间的关联性。这不正是听不进道理的表现吗？

最近我又发现了圣斯的另一个习惯，他喜欢不断重复同一件事情。晚上讲故事，他必须把他的故事书全都搬到床上，让你一本接一本地讲，每天晚上都要重复同样的程序。如果你打乱了这个程序，他的情绪就会惶惶不安，极不稳定。有时候，一个故事刚讲完，他非得让你再讲一遍。以前我只知道，老人看戏一般都喜欢看老戏，喜欢重复看同一出戏，原来老人和小孩都有这个喜好。

讲到重复这件事情，我还有一个苦恼。之前我们经常合作表演节目，我弹吉他他跳舞。我觉得这个形式非常好，不仅可以亲子互动，而且还可以培养儿子对音乐的感知，我也非常愿意给儿子伴奏，看他开心跳舞的样子。但让我苦恼的是，他总是让我不断地重复同一首歌。平时我经常唱的《迟到》《童年》等一批歌曲，因节奏感较强比较适合跳舞，但是圣斯却独爱《迟到》这一首，每次都是让我一遍又一遍地重复，直把我唱烦了为止。但他不烦，没完没了地、不厌其烦地让我"one more time"。我说要换歌，他不让，我换弹别的歌曲，他就立刻表示抗议，小嘴嘀咕着"到、到！"表示还要唱《迟到》。好吧，豁出去了，谁让他是我儿子呢，就当排练了。

总之，圣斯现阶段的表现是，任何事情都要按照他的意思去做，稍不如意就会抗议，或叫喊或哭闹。

如果你的孩子在2岁多的时候也出现了这种情况，可千万别认为孩子"变坏了"或"不乖了"，这是孩子成长的正常表现，也是2岁多孩子的适龄行为。过了这个阶段，他又会变回那个乖乖的小绵羊。所以在这个阶段不要跟孩子硬来，如果不是什么原则性问题，就顺着他好了；但如果遇到原则性问题，可用别的事情或东西转移他的注意力，此时强来只会让事情变得更糟。【2岁2个月】

⑤ 一样的

最近我发现圣斯又学会了一项新本领，一个善于观察事物的新本领。这段时间他一直在喝"葡萄糖酸锌口服液"，蓝瓶的。突然有一天，他指着电视广告兴奋地喊到："一样的，一样的！"刚开始我还不知道他在说什么，他妈妈在一旁给我翻译，意思是："他也在喝这个牌子的口服液。"从此，蓝瓶的"葡萄糖酸锌口服液"就被他冠上了外号，叫"一样的"。以后每次喝这个的时候，他总是要跑到电视机前去指一下，口里嘀咕着"一样的"。

小家伙已经掌握了观察事物的基本能力。从这以后，总能从他的口中听到"一样的"这个说法。电视里播一个酱油广告，他也说"一样的"，当然至于是否真的一样，其实这并不重要，重要的是他在观察。我们完全没必要去跟孩子较真是否真的一样，对于这种观察能力，一定要以鼓励为主。所以，每次当他发现一个同样的事物，我们都会表扬他，以激发他对事物观察的兴趣。

有天，他自己坐在床上看书，突然指着书中的一幅画，又指了指旁边的一本书，嘴里嘀咕着："一样的、一样的。"我看了看，果然是一样的。原来这是一套丛书，每本书的封底都印有各分册的封面，因此他发现了旁边那本书的封面，和他手里封底印的那幅小图是一样的。这对于大人来说并不是什么奇怪的事，但是对于一个2岁多的孩子来说，这个发现无异于哥伦布发现新大陆一样好奇。这种好奇感会不断地激发孩子的探索思维，所以这个时候我们一定要保护好孩子的观察力，以便为孩子在日后探索更多的新事物奠定基础，无异于开启了孩子探索世界的大门。此时，家长对孩子的这种发现千万不能漠视，如果你对他的发现视而不见，长期得不到鼓励的话，他对观察事物的兴趣就会减弱，最终再也不会去探索新的事物了。

现在孩子还小，这个阶段他能够发现事物的"一致性"就已经很不容易了，随着年龄的增长，我会让圣斯再去比较生活中那些不一样的事物，让他进一步去探索事物的差异性。当然，发现事物的"差异性"首先起步于现阶段能够发现"一致性"。【2岁2个月】

6 欲擒故纵

我在电脑前写东西时，突然发现圣斯一手拿着苹果一手拿着刮皮刀，站在垃圾桶前，竟然在削苹果！平时外公就是这样给他削的。在孩子的眼里，这肯定是一件非常好玩的事情。手里捧着苹果，用他那极不娴熟的"刀法"，根本削不下一块皮来。

我担心刮皮刀伤到他的手，想把刀要过来，可是他不肯。我说："那你拿着苹果，把刀给爸爸。"他还是不肯。情急之下我跟他讲了一大堆道理，就差上去抢了，可是根本不管用，他拿着刀和苹果满屋乱跑。

过了一会儿，他对苹果失去了兴趣，把苹果还给了我，但是对刮皮刀这个新玩具的兴趣却丝毫不减，拿着刮皮刀，这儿划一下那儿捅一下，就是不给我。

我看这么硬来不是办法，就来了个欲擒故纵。我说："那好吧，你玩吧，等你不想玩了再给爸爸，好吗？"他依然表现出不愿意的态度，拿着刮皮刀四处比划。

紧接着我开始夸他："圣斯最棒了，圣斯是一个好孩子，再玩一会儿就给爸爸了。"接着又说："你玩吧，爸爸不要，等你不想玩了再给爸爸吧。"我故意装作毫不在乎的样子。

那把刮皮刀没有了苹果，其实什么也干不了。玩了一会儿，他便觉得也没什么意思了，随后就把刀递给了我。我刚伸手去接，他又缩了回去。

好家伙，逗我玩呢？

我依然装作不着急，说："那你玩吧，爸爸不要。"他觉得这样逗我很好玩，又哄了我一遍。于是，我很有诚意地配合他玩了一会儿，尽量不打断他的兴致。几遍下来，逗得他咯咯直乐。

玩开心了,事情就好办了。他很自觉地把刮皮刀递到了我的手中。

欲擒故纵,用计成功!

平时他爱玩手机,因此在玩手机的事情上,我也经常采取这个办法。若不给他玩,他会哭闹。但是放任他玩,对眼睛又不好。怎么办?

有时我坚持原则,就是不给,哭也不给。但是,也不能总是打消孩子的兴趣,有时候我就欲擒故纵。当他要手机的时候,我先坚持不给,但是在他一再要求下,我说:"好吧,那你玩一会儿就还给爸爸,好吗?"为了能够得到手机,他一般都会答应。事实上,每次当我事先和他商量好的时候,玩一会儿后他一般就能还给我。

对待孩子必须软硬兼施。硬的不行就来软的。尤其是对于2岁多的孩子,这个时候他们还听不进道理,如果你跟他硬来,只会让局面更糟。欲擒故纵之计,在处理小孩的固执事件上,屡试不爽。

【2岁2个月】

[7] 发现问题就是思考

睡前,我和儿子在床上玩,发现床单很花,是他喜欢的小熊图案,圣斯把他叫做"多多熊"。我便说:"你找找床单上还有什么?"发现他有点懵。我瞬间感觉到,这个方式不适合他,现阶段他还没有能力说出床单上的各种图案。于是我换了一种方式说：
"圣斯，你看床单上，'星星'在哪里？"因为之前从来没有跟他讲
过什么是星星，所以他还是有点懵，我随手就指向"星星"的地
方，圣斯随着我的手扑了过去。我看他发现了"星星"，立刻又
问："你看看，哪里还有'星星'？"他立刻就找到了床单上的另一
颗"星星"。紧接着我继续问："'小花朵'在哪里？""五线谱的音
符在哪里？""英文字母在哪里？"这些他都不太熟悉，但通过我的
指引，他都找到了。然后我用同样的方法，让他再找出其他的"小
花""音符"和"英文字母"，果然，圣斯全都找到了。

　　我用这种方法让孩子去发现问题，锻炼他的观察力和思考力。
虽然今天是第一次练习，还不太熟练，但我相信通过这一次游戏，

明天再接着和他玩，两次、三次，慢慢的就会熟练了。

床单上还有两只熊，一只大一只小靠在一起。我就问他："谁是哥哥？"他指着大的那只熊；我再问："他为什么是哥哥呢？""因为他大！""哪个是弟弟？"他又指着小的那只。我继续问："他为什么是弟弟呢？""因为他小！"圣斯对答如流。接着"大"和"小"的话题，我继续往下"开发"话题。正好他妈妈抱着"二宝"在一旁喂奶，我便问他："你为什么是哥哥啊？"他说："大"；我又指着弟弟问："他为什么是弟弟呢？"他说："小"。

嗯，很棒！看来圣斯已经能够熟练分辨"大小"了。【2岁3个月】

8 以爱之名与妻共勉

黎明时分，辗转反侧之下，还是决定起来写下这段在脑子里打转了许久的文字。想利用这凌晨的清静和我那无私且伟大的孩子他妈聊一聊如何爱孩子的问题。

全家都能理解，全世界也都理解，你对孩子的那份无私的爱。作为母亲的伟大，我在你的身上看到了的样板。但是，爱是一把双刃剑，它能使孩子"上天"也能使他"入地"，作为最爱他的父母，我觉得我们有必要好好地反思一下自己，我们究竟是想让他"上天"还是"入地"？

爱是给予，爱是付出，爱是不求回报且毫无保留地给他一切。这些你都做到了，所以我觉得你是一个伟大的妈妈，这一点我从来都不曾质疑过。但是无私却不等于没有节制，所以我要对你毫无保留的爱交换一些意见。

孩子是一颗幼苗，保护他不受风雨侵扰地健康成长是父母的责任。但我们要明白，过分浇灌，过分呵护，就会使这棵幼苗失去承受风雨的能力，然而人生哪能没有风雨？如果这棵幼苗从小没有经受过风雨，长成之后他又如何抵御风雨？所以，我觉得爱孩子一定要有所保留、有所节制，在他还没有茁壮的时候一定要给他机会，让他经受一些挫折。

在孩子的事情上，任何时候都不要给他100%的满足，至少要留出10%的滞纳率，让他学会适应挫折。当然，我们没有那么伟大，可以在任何事情上都做到100%的给予，我的意思是，在我们能够给到他的基础上，留出10%的空间不予满足。这个10%就是牵制孩子以后向父母过分索取的一种约束。

不满足的人生才是一种正常的人生，有挫折的人生才是一种常态的人生。别以为我们的孩子还小，他什么都不懂，其实他的内心深处早就有了一颗小小的人生种子，他会逐渐壮大，变大后会怎样？这完全在于幼时的种子质量。

最近，我们一起在看湖南卫视的《变形计》的时候，看别人的孩子变形，我们都表示赞同，但摊上自己的孩子，为什么就不能让他也变一变形呢？其实，"变形"不一定非要把孩子送到农村去吃苦，在我们身边其实就有很多挫折可以让孩子去"变形"。

人，生来就是经受波折的一生，哪有那么多的一帆风顺？比起以后人生所要面临的挫折，现在让他得不到满足的时候哭几声，在某些事情上给他一些不尽如人意的结果，这又算得了什么？或许，就是这几声啼哭和小小的不满足，就能让他学会如何应对逆境，如何抵御风雨，如何面对挫折。人的成长其实特别容易，孩子的教育其实也非常简单，从小让他适应风雨，他就能长成为一棵参天大树。

对于孩子的成长，尤其是男孩的成长，是让他长成一棵耐得了风雨、顶得住天地的参天大树，还是长成一棵遇见风雨就摇摇欲坠、弱不禁风的温室中的观赏树？这完全掌握在父母的手中。

圣斯对妈妈的依赖比较严重。当然，依赖妈妈这是孩子的天性。但我发现，圣斯仅2岁之余就已经摸透了妈妈的心思。他知道，向妈妈索要东西，只要一哭就能得到，哭已经成为他"要挟"妈妈的砝码。

昨天他要玩手机，因为我们坚持不给，他又开始哭闹。经我陪他一起反思（就是我抱他进卧室，看着他放任他哭，直到哭停为止）之后，他情绪平静、态度平和地走出卧室。但一见到妈妈，立刻又撇起了嘴，眼珠子哗啦啦地又开始落了下来。很显然，他觉得委屈了，这个时候，我觉得应该让他哭。因为他毕竟还是个小孩，委屈时哭几声，这是一种很自然的心理修复。同时我也想趁这个时候让他知道，人生没有那么多顺意的事，在以后的人生道路上，还会有比这更大的委屈。但我们一定要明白，在教育孩子的事情上，绝对不能被孩子的哭闹给"绑架"了。面对幼苗，我们一定要狠下心来让他在成长中受点挫折，现在狠心是为了让我们以后更加宽心。

爱与害，在发音上只差一声，但是一旦把握不好这之间的尺度，爱就会变成一种伤害，而溺爱则是父母对孩子施以最残酷的暴刑。溺一个害一个，溺一个毁一个，就有这么严重。

孩子，都是父母的心头肉，谁不爱自己的孩子。你若问我什么是爱？昨天当我看着睡熟的儿子时突然有了答案，那就是当孩子睡着的时候，你看着他的脸就想轻轻地摸他，这就是爱。轻轻地摸这是爱，可一旦摸得重了，就会变成伤害。

以爱之名，与妻共勉，愿我们的爱能够给孩子的未来带来幸福与快乐。【2岁3个月】

⑨ 预估风险

电视里在播一档叫《危急时刻》的节目，由于大人的疏忽，一个2岁的小孩把小手伸进了玻璃门缝中，当消防队员把门弄开，将他的小手取出来之后，整个手背的肉已深深地陷了进去，都能看到骨头了。触目惊心的一幕，看得我和老婆浑身打颤。

当这个"危机"正在播出时，我又想起了另一个"危机"。前几天电视里看到的另一则新闻，也是一个幼龄男孩，由于家里老人的疏忽，在玩的时候将一把水果刀插进了右眼。想到这里，又一阵毛骨悚然。

看着正在屋里跑来跑去的2岁多的儿子，我一把将他搂了过来，以示保护，弄得他莫名其妙。

此时我又联想到前几天儿子拿着刮皮刀削苹果的事。便立即起身，到桌子上找到那把放在非常隐蔽之处的水果刀，将它藏了起来，藏到了他够不着的柜子顶上。

一则则关于孩子被意外伤害的新闻，每天都像警钟一样敲响在我们的耳边。有时候，大人们总是想当然地认为，这个东西孩子不会去碰，那个东西孩子不感兴趣，刀子放在那么隐蔽的角落，孩子发现不了，也不会去碰它。但是，我们千万不要低估了孩子的好奇心和探索精神，他会在某一天把之前都不曾做过的事情突然就做了。谁能想到，孩子竟然能够把手伸进玻璃门缝？那么狭窄的一道门缝，你就是刻意往里伸都伸不进去，但孩子却拥有大人所不具备的"神力"，他们就能做到。

圣斯以前也从来没有拿刀削过苹果，但那天他突然就把刀子握在了手里。我们都认为他对水果刀不感兴趣，但是谁又能保证他会一直没兴趣？

孩子不仅贪玩，而且还有极强的好奇心。他们在玩的时候，当突然发现一件新的有意思的事情时，他们会不顾一切地去探索这个新的发现。他们不会考虑任何后果，因为他们没有能力预估后果。所以，这个责任必须由大人来承担。

预估风险，这是所有家长都必须要承担的一个责任。在生活中，有些风险是不可预估的，但有些风险却是可以预估的。让我们站在成人的角度，把家里的所有危险都扼杀在萌芽中，为孩子的安全把好关。

在预估风险这件事情上，我们不用考虑孩子会不会去做这件事情，因为你永远都无法捕捉孩子的想法，我们需要考虑的是这个东西放在孩子的眼皮底下，对他的安全是否存有隐患。我们一定要换一种方式去思考，一定要站在成人的角度去思考，预估到一切我们能够预估到的风险，将它扼杀掉，不给孩子留下任何机会。

当然，事无巨细，有些危险无法预料。但是有一句口号叫做"防患于未然"，什么是防患？就是仔细排查，通过排查进行预防。就像人不可能不感冒，但可预防。做好预防，一年感冒一次或几年感冒一次，此属正常；若不做预防，那你就只能和医生交朋友了。

如果你有孩子又不想惊动消防队或"120"，那就让我们仔仔细

细地排查一遍身边的每一个可以预估的风险，将孩子的安全隐患降到最低。"争取少感冒，尽量不感冒。"【2岁3个月】

⑩ 无时不起的哭闹风波

中午，圣斯和妈妈在卧室床上玩。过了一会儿该吃午饭了，妈妈想抱他出来，但他却赖在床上，手里拿着书说什么也不愿出来。我的意见是："随便他，让他自己在屋里待着。"我们俩就出来吃饭了。随后，小东西也跟了出来，拉着他妈妈的手，硬要妈妈陪他进房间。不管我们跟他讲什么道理，就是听不进去。眼看拉不动他妈妈，进不了房间，他就开始哭了。

一看这形势，我又只好拿出"必杀技"。抱着他进了卫生间，关了门，让他坐在马桶盖上，我说："你自己反思吧！"（平时都在卧室反思，这次他非要进卧室，所以就改在卫生间了。）这个时候他正在气头上，于是越哭越大声。听这哭声分明是哭给妈妈听的，想让妈妈听见好进来"救"他。但是，我和他妈妈早已达成共识，必须采取"软惩罚"。面对孩子不讲道理乱耍脾气的时候，坚决不能惯着他。但是我也不打他、不骂他，就是让他哭，让他反思，让他进一个没有人的房间，看着他哭或抱着他哭，陪他反思。

我看他哭得没有停下来的意思，于是就抱起他，坐在马桶盖上，让他继续发泄。我说："你哭吧，尽情地哭吧。"这个时候你跟他讲任何道理都没用，就得让他哭，让他把心里的不痛快全都发泄出来。哭到一半，他要下地，我就让他下地。他想开门出去，但是门被我反锁了，凭他现在的"本领"还打不开门。所以我又抱起他，坐在马桶上让他继续哭。

看他哭得满脸都是鼻涕泪水，我便递给他一张手纸，他拿着纸自己擦了擦眼泪，然后继续哭。看他哭得差不多了，心里的不畅应该也"排"得差不多了，就开始跟他谈条件："不哭了，我们出去找妈妈，好吗？"他立马就不哭了（一般都是这样，一听可以出去找妈妈了，他就会立马停止）。我打开门，出门一见妈妈，终于遇到"亲人"了，随即又倾盆大雨下了起来。他妈妈此时正在吃饭，但他仍要坚持拉着妈妈进卧室。

这事好像还没完。我不得不重新抱起他，二进卫生间。我紧紧地抱着他，只好让他继续哭。又哭了好一会儿，我看时间差不多了，我便又提出"出去找妈妈"的意见，条件依然是"停止哭泣"。这招非常好用，他立刻就止住了眼泪，表示要出去。

在这里我要强调几句并提一个问题：你觉得他是在真心哭泣吗？如果当你在真心哭泣的时候，给你一个条件，让你立刻停止，你能做到吗？明摆着的事情，分明是在耍性子。用眼泪"要挟"大人，这是小孩子的一贯伎俩，作家长的如果连这个伎俩都识不破的话，你迟早会被孩子的眼泪"绑架"，后果将非常严重，甚至将会导致你在以后的时间里再也无法约束孩子。

我抱着圣斯出了卫生间，这次他没再找妈妈，而是径直去了卧室。自己一个人坐在床上，好像是在等我们进去哄他。他妈妈刚想起身，却被我拦住。我说："你千万不能进去，要是进去了，我这半天的工作算是白做了。"我们谁也没去理他，他自己坐在床上，一边看着书一边嘀咕着书里的故事，看样子已经把刚才那场哭闹忘记了。我看他的情绪已恢复正常，就在门口招呼他，手里拿着一块他爱吃的肠，意思是让他出来吃饭。他看了看我，无动于衷，继续看他的书，继续嘀咕他的故事，心情好像还不错，不再有哭闹的意思。

好吧，你不理我，我也不理你；你看你的书，我吃我的饭。过了一会儿，我们都吃完饭了，他妈妈起身要进去。我看他的情绪也稳定了，是时候"勾"他出来了。我便让他妈站在门口别进去，挥手示意让他出来。他一见妈妈在招呼，终于找到"台阶"下了，立刻从床上跑了下来，他妈妈一把抱起他就走出了卧室。此时，他不再要求进卧室而是乖乖地坐在饭桌前，吃起了饭。

这场"风波"算是过去了。在生活中我们每天都要面对各种类似大大小小的"哭闹风波"，其原则只有一个，那就是家长意见要统一，对孩子的无理哭闹置之不理。要让孩子知道，哭的时候什么事情都解决不了，以此来约束他的脾气。【2岁3个月】

11　打一巴掌别忘了给颗甜枣

晚饭的时候，圣斯又不好好吃饭，在凳子上爬来爬去。突然，他爬上了桌子，撅着屁股，前半身上了桌，后本身还没上去。我让他下来，他装作没听见，我在他的屁股上拍了一下，再次跟他说，让他下来，他还是不听。我说："你再不下来，我就打你屁股了！"我以为这样能够吓唬住他，但是他依然撅着屁股，没有一点要下来的意思。我发现这个小孩特别要面子，我越跟他来硬的他就越跟我对抗。

看他实在没有下来的意思，我就在他的屁股上重重地拍了一巴掌，他撅着屁股低着头，继续保持着那个姿势趴在桌子上，眼里含着眼泪跟我继续对抗。我看他还是没反应，对着屁股又给了他重重一巴掌，他终于忍不住了，眼泪哗哗的往下掉。

因为今天吃饭的桌子是一张折叠桌，我怕他爬在桌子上重心失衡摔下来，就强行把他抱了下来。

很显然，他以对抗的姿态不上不下地趴在桌子上，本来就是为了和我赌一口气，在"骑虎难下"的情况下为了面子和我对抗着。这么一来我却让他面子全失了，他便开始哇哇大哭。到了这个地步，只有让他进房间反思了。我抱着他进了卧室，刚开始他还在那哇哇大哭，但过了一会儿哭声就小了。我感觉他心里很明白，这次是他自己错了。

我问他："你爬上桌子对吗？"他说："对。"我说："那你还得继续反思。"过了一会儿，我又问他："爬上桌子对不对？"他说："不对。"我看他认错了，态度马上就软下来了，一边拿手纸给他擦眼泪，一边跟他说："爸爸打你也不对。""那爸爸也把屁股给你打几下好吗？"他说："好。"我把屁股转过去对着他，他用小手在我屁股上象征性的拍了几下，我故意用嘴巴发出放屁的声音，把他逗得直乐。哈哈，一场"纠纷"就此化解。

我承认打孩子的确不对，但为了保护他的安全，也让他养成讲规矩的习惯，面对他的执拗我实在是黔驴技穷、无计可施了。打也打了，孩子也认错了，我管教的目的也达到了。既然孩子都已认错，我向儿子认个错又有什么呢？如果我的认错行为能对儿子起到示范作用，我想以后他在认错的问题上可能就不会那么执拗了。

之后我们继续吃饭。趁他妈妈给他喂饭的时候，我不时地给他夹菜，当他刚咽下一口饭后，我立刻又给他夹了一颗他最爱吃的花生，他张大了嘴巴很配合地接受了我的"殷勤"。两个人好像都在彼此承认错误一样，全然不记得刚才那场"冲突"了。

他妈妈看我一口一口地给他夹菜，说我是献殷勤，我说："我就是在献殷勤啊，这是策略。"刚才我打了他的屁股，现在给他献点殷勤，这正是"打一巴掌给颗甜枣"的策略。不仅缓和了我和儿子刚才紧张的气氛，更重要的是我要让儿子知道，爸爸依然还是爱他的。

孩子的心理十分脆弱，我们千万不能因为惩罚而让孩子对我们产生敌意，或者让孩子错误地认为爸爸妈妈不爱他了。换个角度看，这种惩罚正是爱的体现。如果我们的惩罚不对孩子的心理产生伤害，这样的惩罚在生活中多一些又何妨？【2岁3个月】

12　接受"程序化"是一种必要的尊重

两岁半的孩子都喜欢追求"一致"，他们总是给自己立一套规矩，来满足心里的预设"程序"，这是孩子成长过程中的适龄行为。

最近，我在圣斯身上明显地看到了这个现象。根据他每天的活动流程，我发现了圣斯的内心"程序"。每天上午在客厅玩到大约11点左右，就会拉着他妈妈的手要求进卧室去床上玩。这是第一个"程序"。

上了床，首先把他的一堆书都搬上床，自己一本一本地翻看一遍，当然这个翻书的过程是形式大于内容，看得出来他是在模仿大人讲故事的情景，看着图，指着画，嘴里振振有词地一本本地翻看。

大概要花上30分钟，他才能把这堆书翻完。随后，又一本本地把它们叠到一起，模仿一个大人的词汇——挡害，意思是让我们把这些书搬走。好几次叠完书之后他都指着这堆书，嘴里说

"大"，实际上想表达的是"重"的意思，表示自己搬不动，意思是想让我搬走它们，但是他目前只会用"大"来形容事物繁多。

把书搬走后，他便开始执行下一个"程序"——蹦床。在柔软的"席梦思"上，嘴里哼着小曲，足足能够蹦上10分钟。当这套"程序"全部完成之后，就可以离开卧室了。如果某个"程序"未完，你若让他下床，他就会反抗或哭闹，因为你打乱了他的"程序"。

到了晚上，也有晚上的"程序"。晚饭后，第一个"程序"是跳舞，他一般都是拉着外婆的手，要求外婆和他一起跳，有时候用手机放音乐，有时候要求我弹吉他伴奏，有时候他也会自己边哼边唱，把他喜欢的几首歌曲来一遍，每次都跳得非常投入。9点多是洗漱时间，洗漱完毕后进屋看书，再按照白天的"程序"重来一遍。如果晚饭后，舞若没跳，他会把书先搬到床上做好看书的准备工作，然后必须在床上蹦一遍，把漏掉的这个跳舞"程序"给补上。蹦完之后，开始看书；看完书再让我拿走；然后他妈妈开始给他讲故事，讲完睡觉。讲故事也是有"程序"的，必须把他喜欢的那几本书都讲一遍，直到他妈妈讲到自己都快睡了，他才睡着。

昨天，洗漱的环节出了点问题。在孩子的"程序"中，生物钟非常准确，到了9点，本该是他洗漱的时间，而昨天却让弟弟先洗了。就在弟弟洗的时候，他自己进了卧室，当弟弟洗完让他再去洗的时候，说什么他也不肯再去了。因为这个时候，他已经把他的那堆书搬上了床。很显然，已经进入了下一个"程序"。所以，任凭我怎么软硬兼施他都不肯再去洗了。

不明白的，以为孩子又在耍性子了，但实际上这是孩子在这个年龄段追求做事"程序化"的一种适龄行为。此前我也不明白，后来翻阅了一些育儿书，才了解了这个规律。

了解了，明白了，问题就容易解决了。原来我们经常错怪孩子，实际上问题原来出在我们自己身上，由于我们没有充分了解孩子的适龄行为，而把这种正常执拗当作是一种叛逆，以至于误读了孩子的正当需求。

找到了问题的症结，我和他妈妈统一了意见。在日常活动流程化的事情上，以后尽量按照孩子的"程序"进行，如果再碰到类似情况，要是某个"程序"错过了，他不愿再做的话，那就让他顺其自然，不必强扭。一天不洗漱，又能怎样？

在这个阶段，尊重孩子的"内心流程"，接受他在事情上追求"流程化"的行为，不是纵容，而是顺应。如果因为我们不了解孩子的成长心理而采取强硬措施，不仅会伤了孩子的小心灵，甚至还会适得其反。

每个孩子的生活程序各不相同，但是每个人都会有一套自己的"程序"，在2岁半左右，接受孩子的"程序化"，这是家长对孩子的一种必要的尊重。【2岁3个月】

⑬ 我的《摇篮曲》谁也不许唱

老婆怀儿子刚三个月的时候，我就给他写了首《摇篮曲》，从他还在肚子里就开始唱，一直唱到现在。最近我发现，这首歌已然成为圣斯心中神圣不可侵犯的一首"圣歌"了。

何出此言？近一个月来，除了他和妈妈，我们谁也不许唱这首歌。我和他外公、外婆都不许唱，每当我们一开口，他就会跑过来说"不要"。

怎么回事？连我这个作者的权利也被剥夺了？显然，圣斯已经把这首歌印在了心里。我猜想，他不让大家唱的原因无非有两点：

第一，他认为这首歌是睡觉时唱的歌，因为两年多来一直都是这样，他每天都是伴随着这首歌的曲调而入眠的。大白天的唱睡觉歌，"莫非又要让我睡觉了？"所以"不要"。

第二，每天睡觉的时候，我们都是在很安静、很有安全感、温馨的暖床上给他唱这首歌，他的内心已经接受了在不受外界干扰的情况下静静地聆听这首歌曲。所以当我用钢琴或吉他弹出这条旋律，或在乐器伴奏下唱出这条旋律时，此时的声音和声场和他内心预期的结果完全不一样，就会破坏了这首歌在他印象中的温暖感和安全感，所以他"不要"。

可以看出，这首歌在圣斯的心目中已经被"功能化"了。它已成为一个信号，一个准备睡觉的信号；它也成了一种感觉，一种安全的感觉。所以，这首歌在圣斯的心中完全失去了娱乐和审美的功能，而成为他生活中不可缺少的一个部分。

那么，为什么妈妈可以唱？因为平时妈妈哄他睡觉时都会哼唱这首歌，他已习惯了从妈妈的嘴里听到这首歌曲的旋律，"习惯"打败了"预期"，所以他接受了。

一首歌，能对孩子产生多大影响？不可预估。

平时身边的朋友经常会问我，音乐胎教对孩子是否有用？我觉得圣斯和《摇篮曲》的例子可以成为他们的参考。

在圣斯他妈妈怀孕3个月的时候，我们就开始寻找胎教音乐。本想找一首安静的《摇篮曲》给老婆肚子里的宝宝安神，出于一名创作人的职业冲动，我想亲自写一首《摇篮曲》。在职业病的作祟下，我拿起了吉他，创作了这首《摇篮曲》。简简单单的四句歌词，平平淡淡的四句旋律，一首《摇篮曲》半个小时促成。

自从有了自己的《摇篮曲》，我和老婆每天至少要给肚子里的宝宝唱上十几遍。几个月之后，圣斯开始胎动，我们感觉到，他在肚子里肯定是感受到了音乐的魅力，因为每次当他胎动时，只要我趴在他妈妈肚子上唱起《摇篮曲》，他就会立刻安静下来，一动不动地静躺在妈妈肚子里隔水聆听。

起初，我们只是给他清唱，让他在里面每天都能感受到来自爸爸妈妈的声音；后来我把这首歌录成了音频，在舒缓的旋律上，配了一个淡淡的钢琴背景，并贴上了我的人声。

圣斯出生后，我们每天都坚持给他演唱《摇篮曲》，并且将录音版本存入手机，每当圣斯情绪烦躁的时候，只要一放《摇篮曲》他就能立刻安静下来，瞪着眼睛，一动不动地感受这熟悉的旋律。此后两年多，每当睡觉时，我和他妈妈都会在他耳边轻吟《摇篮曲》的旋律，不唱歌词，只哼旋律，让他在纯音乐的哼唱中感受这静逸的安详。

《摇篮曲》已成为圣斯近3年来，生命中不可缺少的一部分。因此，我想说的是，让孩子感知音乐可以从胎教开始，而《摇篮曲》的静逸、舒缓正是胎教音乐的首选。

怎么选择《摇篮曲》？作为家长，我们都想为孩子选择一首最好的音乐来伴随孩子的童年。好吧，下面我为大家提供几个标准，供大家参考。

《摇篮曲》一般都是孩子睡觉时听的音乐，所以轻柔是前提。音乐一定要谐和、要轻淡，最好不选那些音乐手法过于华丽的音乐。

（1）节奏要舒缓，速度要以中慢速为主；有些流行歌曲虽以《摇篮曲》命名，但是因节奏律动太强，不宜安睡；有些则将《摇篮曲》改编成合唱版，艺术价值虽高，但若人声太满、声部太复杂，也会干扰孩子的梦境。

（2）配器要轻淡，音乐的动态幅度（通俗讲也就是音乐的轻重、强弱幅度）不可太大。孩子入睡，需要安静，若音乐忽强忽弱、忽大忽小，岂不是干扰了孩子的梦境？所以，家长在选择古典版本的《摇篮曲》时，要以小乐队的演奏版本为主。

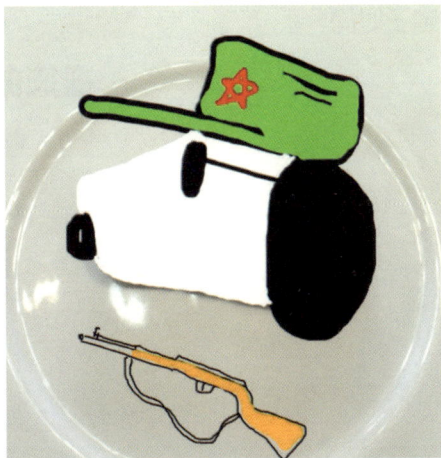

（3）人声频率要以中低频为主，尽量避免高频声响。也就是说，最好以中低音区的人声来演唱，音区不宜太高。尤其是一些民歌手演唱的《摇篮曲》唱得非常好听，但因音色太亮、音区偏高，对于安睡中的宝宝未免显得太刺耳。

所以，大家在选择《摇篮曲》的时候，可以参考这些内容。倘若找不到合适的版本，如果大家不弃，我和儿子愿以我们这首尤氏《摇篮曲》与孩子们共享那份静逸与安详，愿天使安心梦乡。【2岁3个月】

亲子时间

摇篮曲

词曲：尤静波

演唱：尤静波

宝贝　宝贝　宝贝快睡觉

爸爸　妈妈　最爱宝宝

宝宝乖乖　宝宝最棒

你是妈妈的小棉袄　是爸爸的小蜜枣

14 帮助他，不要制止他

今天晚餐有儿子爱吃的海鲜，一大盘炒鱿鱼，圣斯吃得津津有味。刚开始是他妈妈喂着吃，一口鱿鱼一口饭，吃得很开心。不一会儿，他心血来潮突然拿起勺子自己去盛鱿鱼。

圣斯拿勺的手法尚不娴熟，经常是反着手往嘴里送，鱿鱼盘中有很多油汁，如果让他自己去盛，后果可想而知，肯定是桌子、衣服、地上都逃不过他的"涂鸦"。但是我们又有什么理由不让他自己动手盛菜呢？这不是扼杀孩子的动手能力吗？怎么办？

我灵机一动，便说："爸爸帮你。"我把勺子拿了过来，盛了一块鱿鱼在勺子上，并且帮他舔去了留在勺底上的鱿鱼汁。他妈开玩笑说我舔了儿子的勺子"好恶心"，但圣斯好像一点也不嫌弃，当我把勺子递给他的时候，很开心地接过勺子把鱿鱼送进了嘴里。随后，接连多次我都用同样的方法帮他盛好鱿鱼，然后把勺交给他，让他自己吃。他并没有对我的帮助表示反感，而且还吃得很开心，看得出来他很享受自己拿勺吃东西的过程。

吃饭时孩子喜欢玩，有时喜欢自己夹菜，可以肯定的是他们绝对不是为了"自力更生"，而是出于好奇和新鲜。今天我如果制止了他，不让他自己拿勺吃，他不仅会哭而且还会打消他的好奇心。所以，我用"以帮代制"的方法，既化解了餐中哭闹的风波又保护了儿子的好奇心。

日常生活中，我们经常会遇到类似的情况。当事情不该制止或无法制止的时候，我们应该顺着孩子的意愿（当然，前提是合理要求）去帮他完成他想做的事情，帮他满足好奇心，而不该截然喝止。在孩子的成长过程中，如果不究原因，只是一味制止，制住的不仅是"油"和"汁"，还有孩子的天性。【2岁3个月】

15 我希望我们可以合作

凌晨4点钟，刚刚经历了一场圣斯的哭闹后，此时妈妈正陪他继续睡觉，而我却清醒得睡不着了。

大半夜为何而哭？事情是这样的。

睡梦中，圣斯突然哭了起来，刚开始是轻轻地哭，后来哭声越来越大，最后大到无法控制。他一边哭一边要求出去"走"。

这种情况之前也发生过几次，基本都是哭到后来哭累了，自己就睡着了。但今天，圣斯好像没有停下来的意思，越哭越厉害，完全可以用声嘶力竭来形容。

从哭声和语气中可以听出，前半场他是在梦中呓哭，一边哭一边非要下床去走。哭闹整整持续了半个小时，到后半场时，他已经哭得非常清醒了，进而转变成了故意要闹。其目的是要将他的"梦呓"执拗地变成现实，而他妈妈对此没有一点办法。

今天的程度可以用嚎啕大哭来形容，在这半个小时的哭喊中，他妈妈表现出了极大的耐性，面对儿子的嚎啕没有一丝脾气，只是一直在轻声地问儿子："你要干吗？"

我在一旁早就被哭醒了，但一直没有出声，只是装睡听着，我想看看，他妈妈最终能用什么办法来化解这场"风波"。但事实上，他妈妈玩不过这个小孩。后来我明显听出，圣斯的哭闹行为已经不在梦中而是在清醒状态下发生的了。因为在哭喊中途，他把妈妈给他擦眼泪的手纸藏了起来，然后突然停下来，用开玩笑的语气跟妈妈说："没。"随后，当老婆又轻声哄他睡觉时，他再次大哭起来，又提出要"走"。很显然，他是"不达目的誓不罢休"。我感觉，圣斯是故意用泪水在"绑架"妈妈的温柔和耐性。而事实上，妈妈已经被他严严实实的"捆"了起来，又一次被儿子的眼泪给"绑架"了。

我看这情形，圣斯实在没有想停下来的意思，而他妈妈也无法控制这个局面。看着我那不讲道理的儿子如此折磨他妈妈，看着我那伟大的老婆如此有耐性地纵容着他的孩子，我实在忍不住坐了起来，冲着圣斯喊了几嗓，内容也就是让他别哭之类的话，但是我的态度非常强硬。听到我的呵斥后圣斯外婆也过来了，其实她也早已被哭醒，一直在观察形势，看他妈妈究竟能否控制住局面，而且外婆和我有同感，都觉得圣斯哭到后半场是在故意耍闹。我们都感觉到了他在"绑架"妈妈的温柔，而唯独当事人自己没有看出来。

　　外婆过来了，灯打开了，人多房间里热闹了，圣斯的哭声也就停了，而且还跟他外婆有说有笑起来。就这样"风波"算是平息了，但是我的内心却怎么也平静不下来。

　　我十分敬佩他妈妈在孩子耍闹时的容忍度，这种宽容堪比任何一朝的宰相，但是"宽容"和"纵容"有时候只在一念之差，"过度宽容"就是"纵容"。这是非常考验家长智慧的一件事情，在宽容的层面上如何学会分辨事情的性质？如何学会选择性宽容？其实这个智慧也很容易掌握，只要抓住事情的"合理性"，这就是原则。但凡合理的都要宽容，但凡不合理的坚决不能纵容。当然，事情有时候不会那么绝对，但有原则总比没有原则要强吧？

　　在孩子的成长过程中，"纵容"是最厉害的一把软刀，每纵容一次就等于在孩子的性格上刻下一刀任性。但凡长大学坏的孩子，你若扒开他的内心，一定会看到放纵的刀疤，这都是家长以爱的名义亲自划下的刀痕。正因如此，当圣斯的哭闹"风波"平息之后，我的内心依然无法平静，我所担心的正是圣斯妈妈也会以爱的名义在他儿子的心中划下一道道任性的伤痕。

　　我是多么希望，在孩子哭闹到无法停止的时候，他妈妈能够稍微强硬地呵斥一声；当孩子提出过分要求或蛮不讲理的时候，他妈妈能够稍微坚持一下自己的原则。就今天的事情来说，你若用稍微强硬的态度对儿子说一声："不！"亦或，当你自己无法处理的时候，能够寻求我的合作，让我们一起来应对这个小鬼的哭闹，事情也不会发展到如此地步。我多么希望，当圣斯哭了半个小时还无法停止的时候，他妈妈能够偷偷的给我一个暗示："我无法解决了，你出面吧。"我希望我们在教育孩子的事情上能够高度合作，而不要有一丝对立。

现在，圣斯已经基本能够听懂大人的意思了，每次当我们在讨论怎么教育他的时候，看他的小眼睛在那咕噜咕噜地转，就可以看出他已知晓我们的对策。他清楚地知道，妈妈是个"软柿子"，爸爸是块"硬石头"，所以很多时候他在我和他妈妈面前表现出来的是截然不同的两种态度。而我想说的是："伟大的圣斯妈妈，在你无力驾驭儿子哭闹的时候，就应该寻求他爸爸的合作，而不该当我在训斥他的时候，你却在训斥我。"家长意见不统一，这是育儿之大忌。

为了我们的儿子，为了儿子的未来，为了我们的儿子在将来能够控制住自己的脾气，控制住内心的欲望，希望我们能够合作，从小培养他的约束力和控制力。不放纵，不娇惯，建立原则，把握尺度，在性格尚未定性的现阶段把持住脾气，让他懂得不是什么事情都可以随心所欲的，这很重要。【2岁3个月】

16 给个台阶让他下

晚饭时间，都已经开餐了圣斯还拿着手机玩。我本想给他一个缓冲的时间，让他稍玩一会儿再收。但给了他两次"缓冲"机会还是不给我。我看他在屏幕上滑来滑去的，正想给我的桌面换"主题"，趁机便一把把手机就夺了过来，跟他说："你又给爸爸换主题（因为他之前经常给我换桌面，我曾表示过抗议），那不能玩了，收了。"

他看我收了手机，先是楞了一会儿，然后撇着嘴装出想哭的样子，但又没哭出来。突然，他跑下饭桌径直跑进了卧室。进去之后，先沉默了一会儿，看我们谁也没行动，就开始哭了起来。

这个小孩又开始"演戏"。他以为我们会去哄他，但我们谁也没去。过了一会儿，他看这招不灵，就开始大声喊"妈妈，妈妈！"喊了"妈妈"之后看我们还是没有反应，他又继续喊："命命！命命！"（意思是：救命，源于《狼来了》里的呼救声）。他妈妈蠢蠢欲动地坐不住了，在我和外公、外婆的集体阻拦下，终于没让她进去。这下可把圣斯惹"毛"了，他开始在房间里大喊了起来，从声嘶力竭的语气里可以听出，他非常生气。

你生你的气，我吃我的饭，大家都当没听见。

我猜想，此时他的心里肯定在想："要是就这么出去了，那我多没面子啊！"所以，哭也哭了，喊也喊了，他就是不出来。又过了一会儿，我们商量，决定给他一个台阶下，让他保住面子。但是我们没让他妈妈去，因为这出"戏"圣斯就是"演"给他妈妈看的，如果这个时候妈妈要是进去了，他的"小计谋"就得逞了。解铃还须系铃人，由我出面。

我轻轻地走进卧室，蹲在他的身边准备抱他，并且和气地跟他说："走吧，我们出去吃饭饭，好吗？"他站在床边表情很复杂，但也没有抵抗我的拥抱。随后冒出两个字——尿尿。我以为他要尿尿，正准备去找瓶子给他接尿，突然感觉我的手摸到了湿湿的东西，他已经尿在了裤子上。可能是刚才太激动，哭喊的时候失禁了。

我看他尿裤子了，正好找个话题借机缓和一下气氛，就说："谁尿裤子了？"圣斯回答："贝贝。"（他的自称）我又说："那么大的人了，还尿裤子，谁羞羞？"他又回答："贝贝。"我说："那好吧，爸爸给你换了，我们出去吃饭，好吗？"他表示同意。

就这样我帮他换了裤子，抱着他出了卧室。这出"戏"就这么"演"完了。

在这件事情上我想说的是，孩子其实都很要面子。但如果我们过早进去哄他，那就中了他的小计谋；要是一直不去哄他，碍于面子他至少还要和我们顽强地对抗一会儿。所以，我选择了一个恰当的时机，当他的情绪发泄了，觉得"演戏"没有用的时候，给他一个台阶让他保住面子。这个时候出来，他会觉得是爸爸"求"他出来的，但实际上他心里明明白白清清楚楚，要是这个时候不出来，那就得继续一个人"演"下去，所以他顺着台阶就下来了。

孩子其实和大人一样都要面子，而且在"死要面子"的时候心理还十分脆弱，所以在对待孩子的事情上，我们最好把他当大人来看，如果我们都能够用对待大人的方法来对待自己的孩子，在坚持不骄不纵的基础上，给他足够的面子和尊严，我想很多事情处理起来就会变得容易一些，这样既可以保住他的面子也不会伤了他的自尊。

千万别以为，我的孩子才2岁多，他什么也不懂，如果你要是这么想，还把一个2岁多的孩子当作十足的小孩来看的话，那你会很难对付这个顽固的家伙。所以我的原则是，把孩子当大人看，用对待大人的方法来对待孩子，必要时给他面子，给他台阶。人一旦受到尊重，任何事情让他配合起来就容易多了。你说，是不是这个道理？【2岁3个月】

17 小小的判断力

吃完早餐，圣斯的妈妈和外婆出去买东西。我陪圣斯在床上讲故事，由于他妈妈不在，我始终无法脱身，讲了近一个小时，他也依然不让我休息。刚讲完一本，圣斯立即又递来另一本。我看这本的封面是一只小兔子坐在马桶上拉臭臭。实在太累了，我就故意把这本书往外一扔，说："臭"！圣斯立马又捡了过来。我说："上面有马桶，臭！"故意捏着鼻子，又给扔了出去。圣斯觉得好玩，又帮我捡了回来。我们扔了捡、捡了扔，就这么来回扔捡了数次。我装"臭"的姿势把他逗得哈哈大笑。

我看这是个锻炼思维的机会，若把他指使出去了我也正好休息休息，就说："圣斯，你找找哪本书里还有马桶，你去把它找出来。"床上堆着二三十本书，圣斯爬到那堆书旁一本一本的开始寻找"马桶"。不一会儿，他就把一本"多多熊拉臭臭"的书给找了出来，果然封面上也有一只马桶。他把书扔给了我，我又故意装作怕臭的样子，捏着鼻子把书给他扔了回去。我俩又这么来回扔了好几次。

接着，我又想到一个主意，想再试试他的耐心，便说："你再去找找，看看哪本书里还有马桶？"他又爬过去，在那一堆书旁认真地找了起来。翻了一本又一本，翻了一会儿他转过头来对我说："没。"其实我知道，其他书里已经没有马桶了，我故意让他再去寻找，目的是想看看他的反应。结果，他通过认真翻找然后再通过自己的判断，给我的结论是"没"。这正是我想得到的答案。

其实，生活中随时都有机会启发孩子开动脑筋，我们可以通过各种事情让他学会思考，学会判断。人的大脑就像一部机器，而幼儿的大脑就像一部崭新的机器，平时你总不让他转动，久而久之他就迟钝了；你若时不时地让他转一转、动一动，就能保持它的灵活性。我们在生活中通过这些小事让他转动大脑，就好比给机器添水、加油的效果，一滴水、一滴油，永远保持大脑的润滑性，日积月累机器的运转能力就会越来越强；倘若生活中长期缺少水和油，机器就会慢慢生锈了。

这个世界上没有一个孩子天生就是笨孩子，聪明与笨的区别不在于他能记住多少东西，而是在于关键时他的脑子能否转动起来，思维能否活跃起来，判断是否准确。在孩子的培养过程中，记忆力和判断力这两种能力都很重要，但是记住东西有很多外力可以借助（如书本、电脑）而判断事情则必须由自己完成。哪一种更重要？我想大家心里都有答案。【2岁3个月】

18 为自己错过的事情承担后果

晚饭时间，圣斯又出新情况。说是新情况，其实还是老生常谈的那点旧事。到了吃饭时间，圣斯又在玩手机，我给了他几次"缓冲"，他每次答应得都挺好但行动却不执行。

我看"软"的不行，便准备执行"硬招"。态度刚刚强硬起来，他就撇着嘴跑进卧室哭去了。于是我们谁也没去理他，他看我们都没有跟进，小哭一会儿就停了下来，随后自己在卧室床上继续玩手机。过了一会儿，我以为他想要台阶下，就进去哄他，但他不听，还在继续玩。我也没再哄下去。

此时，我和他妈妈、外公、外婆商量，一致做出约定，今天他若不把手机收起来好好吃饭，谁也不许惯他。如果我们吃完饭他还不出来，就把饭菜收了，这顿饭他就算错过了，并且饭后什么零食都不给他吃。

这么做的目的是想给他两个警告：1）吃饭的时间是固定的，如果这顿你错过了，那就必须等到下一顿；2）如果正餐不好好吃，零食、水果就都不许吃，这是一种惩罚。我是想通过这种惩罚让孩子养成规矩，为自己错过的事情承担后果，而这个后果就是——饿着。当他感到饥饿的时候却得不到任何食物，让他承担几次这样的后果，相信一定能让孩子以后在吃饭的事情上建立起良好的习惯。

过了一会儿，他自己从卧室跑了出来，坐在饭桌旁依然拿着手机玩，妈妈让他把手机收起来好好吃饭，他还是不听。我说："坚持原则，只要他不把手机放下，就坚决不能吃饭。"他继续在一旁玩手机，也没要求吃饭。这个时候我们都吃完了，收了饭菜，晚餐结束。这顿饭，他错过了。

饭后，他妈妈跃跃欲试，几次想要喂他饭吃，但在我和他外婆的阻拦之下没能得逞。为了不引起圣斯对零食的垂涎，饭后我们都控制自己不吃东西，当圣斯拿起桌子上的一包花生想吃的时候，我很坚决地把它没收了。再晚一些,他妈准备吃夜宵(因为弟弟要吃奶,哺乳期妈妈晚上吃夜宵,是一种待遇),圣斯看到桌子上的水果甜品馋了,主动爬上凳子,趴在餐桌上嘴里嘀咕着:"吃、吃。"我立刻阻止了他,并且把甜品收了起来,我让他妈晚点再吃,以配合我的惩罚措施。最终,圣斯没办法,只好眼巴巴地下了桌子。此时,他没有哭闹,似乎他也意识到了自己的过错,感觉到了这是我对他的惩罚。所以,他没哭。

在人生道路上,有些事情错过了就不可能重来,即便事后认识到错,也无法改变错过的事实。因此,我想从小培养儿子对"错过"的认识,通过一些具体的事例让他逐渐明白,不是什么事情都有机会重来的。所以,我必须让儿子眼巴巴地看着甜品望而兴叹地离去。这是惩罚,也是爱。

在这惩罚过程中,我对圣斯始终都保持着温和的态度,我在坚持原则的同时和他有说有笑、有逗有乐,并在洗漱之后依然像往常一样陪他上床讲故事,我们依然还是"好朋友",但是"软惩罚"的原则必须坚持——不吃饭就不能吃任何东西。

最终,圣斯饿着肚子睡着了。

当我看着儿子眼巴巴地离开甜品时,其实也很心疼他,但《三字经》里有一句名言:"子不教,父之过。"我时刻都在提醒自己,人生的道路上有些事情一旦错过,就永远不会重来。尤其是孩子的成长之路，是一条永不可逆的单行道，所以我们不能错过教育孩子的每一个机会，否则我们都将为自己的错过而承担后果。【2岁3个月】

19 寻求合作，让他心甘情愿地接受意见

早上4点多，圣斯被"便便"憋醒了。在妈妈的配合下，他起来在小马桶上拉了"便便"。拉完正准备睡觉时，一旁的弟弟却醒了，弟弟的哭声惊醒了半梦半醒的圣斯。当我打开灯给弟弟泡奶粉的时候，圣斯此时已经彻底清醒了。

我在一旁喂弟弟喝奶，清醒的圣斯嚷嚷着要看书。"这大半夜的，看什么书啊？"我和他妈妈都是这个态度，但他却坚持要看。刚开始，我的态度非常强硬，用命令的方式让他睡觉。但这招无效，他还是坚持要看，并且一边哭着一边下床，自己去一边拿书了。我看他态度非常坚决，就像着了魔一样非看不可，此时我的"命令"在他脑子里根本不起作用。硬来肯定是不行了，那就寻求合作吧。

我帮他把书搬到了床上。他在床上坐着，手里拿着书，眼神却呆呆的，看他的样子根本无心看书。可能是半夜灯亮了，他想起了睡前看书的情景，所以嚷嚷着非要看书。我看他心不诚、意不决的样子，就说："圣斯，睡觉吧，不看了好吗？"他说："看！"看我催

他睡觉，他又哼哼唧唧地撅起了嘴。我说："好吧，好吧，那你看吧。"

突然我又想到了另一个办法，准备进一步寻求他的合作，开始采取自言自语式的"攻心战"来软化他的意志。我一边给"二宝"喂奶一边对他说："快点喝吧，喝完哥哥就要睡觉了。"圣斯听到了，马上接了一句："不睡。"我说："好，好，不睡，不睡，那你继续看吧。"接着，我又继续对着"二宝"嘀咕："宝贝快喝吧，你看你那么晚了还瞪着大眼睛，还不睡觉啊，哥哥一会儿就要睡觉了。哥哥最乖了，哥哥是天下最乖的孩子，你看哥哥半夜起来都要看书，你看哥哥多么爱学习啊！"

嘀嘀咕咕的我对着"二宝"说了一通他哥哥的好话。这个时候，圣斯在一旁静静地听着也没回话，我猜想，他的心里肯定美滋滋的。谁不喜欢被夸奖？谁不喜欢听好话？尤其是小孩更爱听好话，特别是在他顽固、执拗的时候好话听不够。

他听得那么认真，可见这个办法见效了。于是又接着问话，准备将他的思路引向我预设的结果中去。我问他："你一会儿是要睡在爸爸的枕头上还是睡在自己的枕头上？"他似哭非哭赖赖唧唧的回答道："妈妈。"意思是要睡在妈妈旁边。嘿嘿，这个问话奏效了。我马上接着说："好吧，好吧，那你一会儿就睡到妈妈旁边，好吗？"他继续装可怜地回答："嗯。"随后我又顺着他的心意说了一些他爱听的话，不一会儿他就躺到妈妈身边去了。

　　这个时候一堆书还摆在床上，看他倦眼惺忪的样子，我便准备去收书。正想把书搬走的时候突然想到："万一他不让我收呢？要是我把书硬给收走了，他岂不是又要哭闹？"我想，这个时候应该再尊重一下他的意见，让他觉得他的意见很重要，他的态度很受重视。如果他同意我就收走，不同意那就再等一下，过会儿再收。我问他："爸爸把书拿走了，行吗？"他的回答非常干脆："行！"征得了儿子的同意，我立即把书搬走了。劝睡成功！

　　这件事情告诉我们，在孩子执拗的时候，寻求他的配合比强硬的命令更有效。从心理学来讲，你若想他顺着你，那就先去顺着他。让他的心意顺了，再将他的思维引向需要解决问题的方向，这个叫作"寻求合作"。人的心情一旦顺了，他愿意跟你合作，事情就容易解决了。但有时候，我们也经常会遇到小孩执拗起来不想合作、不愿合作的情况，如果是这样，那就先"冷处理"，暂时晾他一会儿不去理他，让他的情绪先平静下来，然后再去寻求他的合作。

　　总之，当孩子耍闹时，我们要尽可能地想办法去寻求他的配合，让他心甘情愿地接受你的意见，这一定会比下命令更有效果。

【2岁3个月】

⑳ 故意尿床必须惩罚

午睡前，圣斯和妈妈都会在床上玩一会儿。今天，他们依旧按照惯例在床上玩耍。不一会儿，他妈妈从卧室出来说："圣斯又尿床了。"这里她用了一个"又"字，是因为昨天晚上圣斯已经在床上尿过一次，而且明显是故意的。我问他妈妈什么情况，老婆说："我拿瓶子给他接尿，但圣斯不让，到处躲，不一会儿自己却站在枕头边，对着枕头尿了。"

我进卧室一看，果然半个枕头都被他浇湿了。我严肃地看着圣斯，非常严厉地对他进行了批评。但是，他对我的批评好像不以为然，还嬉皮笑脸地跟我逗乐。我看这是一个原则性问题，我不仅没乐而且态度变得更加严厉。

此时，妈妈和外婆也都进来了，大家都在议论他尿床的事情，外婆也觉得他这样做不对，对他进行了批评。正当我们还在议论的时候，他又站起来在床上尿了一泡。可以肯定，这个小孩绝对是故意的。于是，我接着再批评、再教育，语气和态度也更加严厉。他被我训斥之后，不高兴了，低着头，自己哭了。但是哭声并不大，好像只是走走程序、装装样子而已。我们谁也没去哄他，哭了一会儿自己就停了。

我觉得这个时候必须得让他知道，在床上尿尿是不对的。我对他说："你过来，把屁股给我，让我打三下！"我想以此表示惩罚。

他的态度也很强硬，说："不！"躲着我不肯过来。看样子我得来硬的了。我把他抱了过来，让他趴在我身上，对着他的屁股，啪、啪、啪地拍了三下。这三下不轻不重但却饱含着我复杂的思虑。不能太轻，太轻了无异于挠痒痒，起不到惩戒作用；但也不能太重，太重了打疼孩子自己也心疼。打完以后，他在一旁嘟着嘴很不高兴。我明确地告诉他，这是对他故意尿床的惩罚，让他明白我为什么要打他。

　　可能他也知道自己错了，嘟了一会儿嘴之后马上又恢复了活泼，不一会儿又在床上蹦蹦跳跳起来。我看他情绪恢复了，就开始安抚他，所谓打一巴掌给个甜枣，我说："那你过来，爸爸给你揉揉。"我一边揉一边问他："爸爸打你疼不疼？"他说："不疼。"看他嬉皮笑脸的样子还说不疼，我是又气又乐。接着我又问他："那下次你还在不在床上尿尿了？"他说："不尿。"一边说着一边还主动要求我拿瓶子来给他接尿。我拿来瓶子，但他的样子好像尿意不浓（因为刚在床上尿了两泡，哪里还有尿），不过还是使劲地挤出了几滴，以示他的诚意。

　　事后分析原因，我觉得可能是昨晚的事情对他产生了误导。昨晚临睡前，圣斯在床上尿了尿，他妈妈表示很生气。他看妈妈生气了，就爬过去要求"亲亲"，亲完之后还用小手轻轻地摸了摸他妈妈的头，嘴里说："乖。"本来正在装生气的妈妈，被圣斯这么一哄，忍不住就乐了，不但没有继续生气下去，而且还出来告诉我们圣斯的这些举动，把我们也听得直乐呵。所以我想可能是昨天的这件事情，让圣斯误认为在床上尿尿是可以引起大家乐呵的事情，才使得今天他又故伎重演，还想以此来获得我们的关注。但没想到，今天却挨了打。

如果这个推断成立的话，我们要注意了，当孩子犯错时，一定要明确地告诉他这是不对的，不能让他对自己行为的对错性产生模糊判断。如果他做错了，家长没有明确告知或明确惩罚，他就不知道这件事情是坚决不能做的，所以下次还会继续再犯。

有时候我们经常怪孩子不听话，不记事，但殊不知是自己没有给孩子明确是非。所以在教育孩子时，对于那些原则性的对错问题一定要明确指出，如果长期含糊对错感，就会让孩子不知所措。

其实，对于一个2岁多的孩子，在床上尿个尿也不是什么太大的事情，但是在树立孩子的是非观念时事无大小，错了就必须明确指出，然后再通过明确惩罚，让他明确对错，加深印象，不能让他产生判断上的一丝模糊。俗话说："小不治则乱大谋。"是非观、对错感一定要从小明确。【2岁3个月】

21 孩子打人怎么办？

圣斯近期出现了一个不好的行为——喜欢打人。奇怪的是他打人是有选择的，在家里最爱打外婆，有时也打我，偶尔打外公但很少，从不打他妈妈。

对他这种不良行为，我们都比较担忧但又没有办法。每次当他打人的时候，我们都会对他进行教育，告诉他打人不对，打人对方会疼，等等。在屡教不改、黔驴技穷的情况下，有时我也会采用以暴制暴的方式，他打我一下，我会较重地回打他的小手。可软硬兼施也没治住他打人的行为。

一个月后我突然发现，圣斯不打人了。生活环境和方式都没变，家里的人也没变，怎么突然他就"变乖"了呢？

原来这又是孩子成长过程中的一种适龄行为，经与其他父母沟通得知，原来很多孩子都有这个过程，尤其是男孩，基本上都会经历打人这个阶段，只是时间早晚而已。

其实，孩子打人有各种原因。有的孩子打人是因为自我意识的萌发，不合我意我就打；有的则是因为行动和语言能力较差，心里有要求但又无法表达，着急了就打人；有的是出于模仿，模仿家长的暴力行为，或从电视中模仿打人的动作；有的是为了寻求关注，当大人的注意力都不在他身上，忽略他的时候，他就会用打人的行为来引起大家的关注；有的则是为了和大人对抗，当大人经常对他的行为进行管制或约束时，他为了达到自己想做某件事情的目的，就采取打人的方式对大人的管制进行反抗。总之，2岁多的孩子喜欢打人是一种普遍的适龄行为，但是每个孩子打人的动机却因个体差异而各不相同，每家都有每家的情况，很难一概而论。

分析圣斯的打人心理，我认为他是为了跟大人对抗。因为外婆和我管他最多，当他哭闹时、不好好吃饭时，我们都会坚守原则，甚至还会对他采取必要的惩罚。他觉得我们总是在干扰他、控制他的行为，所以当有些要求不能满足时，他就会打我或打他外婆。

他有他自己的小小世界，他有他自己的思维方式。由于我们没有关注到他在打人之前的一些行为和情绪，所以才认为他是莫名其妙地打人，其实都是有前因的。一般情况下他很少打他外公，因为外公很少管他；更不打他妈妈，因为妈妈对他宠爱有加，事事都会顺着他，所以没必要跟妈妈形成对抗。每次当他打完外婆之后，外婆问他："你怎么不打你妈妈呢？"他都会说："妈妈疼。"看来，"宠"还是有回报的，这两人开始互相宠爱了。

我觉得圣斯打人，可能不止一个原因，但不管出于什么动机，打人的阶段已经过去了。我之所以要写下这篇笔记，是想告诉大家，孩子在这个年龄阶段出现打人行为是一种正常现象，不用过于担忧，更不要把孩子的打人行为看作是"不乖了""学坏了""叛逆了"，也不要因此来预测孩子以后会坏成什么样，其实没那么严重。

2岁多的孩子爱打人，属于正常的成长过程，我们要了解他、理解他并接受他。但是当孩子打人时，我们也不能置之不理或一笑了之，这样只会让他认为打人是对的。所以，当孩子打人的时候，我们必须要告诉他这是不对的，明确地告诉他是非结果，但不要对其过度关注，也不要采取过度惩罚。

现在我反思自己的处理方式，发现我以暴制暴的方法是不对的。在圣斯打人的那个阶段，我对他的打人行为了解不够，从而采取了不恰当的处理方式。其实，那只是孩子成长的一个过程，就像孩子要经历尿裤子一样，在那个阶段，你就是对他采取再严厉的惩罚，也无法改变他尿裤子的事实，因为那不是他自己所能控制的事，而是因为大脑发育不完善而导致的。

圣斯打了一个月的人，现在"变乖了"，但这不能说明上个月他就是"坏孩子"。"好"与"坏"用在孩子身上，很多时候仅仅是家长一厢情愿的自我联想。【2岁3个月】

22　按类叠放

圣斯在床上看书，看了一会儿，便把几十本书散了一床，又玩别的去了。我让他把书收起来，他也听话，自己蹲在散乱的书旁开始收拾。但因为书太多，他无从下手，也不知道该怎么收拾。便说："爸爸收。"

我见他想要放弃，就说："爸爸跟你一起收，好吗？"他说："好。"于是，我们开始一起协作收拾残局。

虽然嘴里说帮他一起收，其实我并没动，只是在一旁指挥。"把'小狐狸'那套都拿过来！"他左翻右翻，把"小狐狸"一本一本地找了出来；"再把'多多熊'找出来！"他又一本一本地把"多多熊"找了出来。为了养成他的条理性，我让他按类叠放（每套书都有六至十本）。

在我的指导下，圣斯很快就掌握了分类的规律，那些成套的书，他都能分出类别叠在一起。但是，这里也有一些是单本书，不一会儿圣斯拿着一本"愤怒的小鸟"，因为没有同类，所以他不知该往哪堆里放，有点迷惘。这个时候我这个"指挥官"便发挥作用了。"那就先放一边吧！"我说。整理了一会儿，他又拿着一本"认汉字"的单本书，有点犹豫。我说："单本的，都放在一起吧！"他就把"认汉字"和"愤怒的小鸟"放到了一起。随后，当他再拿起单本书时，就知道怎么归类了。这是个"普遍性和特殊性"的问题，普遍问题归类解决，特殊问题特殊对待。如果能长期进行这样的思维训练，可以让孩子的逻辑思维变得缜密，养成做事的规律性。

分类学会了，但对于书本的摆放，圣斯还不太规范，他现在还只能做到把同类书叠在一起，对于书的正反、上下没有概念，每次找到同类书时，都是随意地叠在一起。

为了加强他的规范性，我要求他把每本书都封面朝上，正着叠

放。刚开始他还不太明白，放了几次总是不得要领。每次放错的时候我都提醒他："你仔细看看，都正了吗？标题都在上面吗？"我一边说一边将标题指给他看，他得到我的提示后都能把书正过来。每次做对了，我都鼓掌表扬，他也跟着鼓掌，感觉自己跟个"小英雄"一样。通过几次提示，他慢慢地掌握了要领，每当放反的时候，我只要一提醒："你看对不对？"他就会正过来。

收拾书本这件事情在生活中是一件很小的事，小到甚至都会让我们不屑一顾。但就是这些小事情却能养成孩子的大习惯。从小培养孩子的规律性和规范性，以后孩子在处理事情上就能形成较好的条理性。孩子的规矩是怎么养成的？就是通过生活中的点点滴滴逐渐形成的。

因此，在生活中我们不要像保姆一样为孩子去做事，不要剥夺他们自己动手并思考的能力，尽量让孩子自己去完成他自己的事情，收拾书本、收拾玩具，这些都是很好的训练方式。从小养成条理性，不仅可以让孩子变得有规律、守规矩，而且还能使他养成有序的逻辑思维。

放手去爱，让孩子享受最大程度的自由成长空间，自己的事情尽量让他自己去做。我们可以帮，但千万不要替。【2岁4个月】

23 谁更重要?

晚上我在家里看电视，圣斯和他妈妈去卧室准备睡觉。两人睡前照例在房间里玩了一会儿，之后他妈妈出来找水杯，结果圣斯也跟着跑了出来。一边蹦一边跳一边还大声嚷嚷，从卧室蹦到客厅，在我身边晃晃悠悠地非常高兴。此时，我正在看一个比较喜欢的电视节目，随口就冲着圣斯说了一句："儿子，别闹。"可他玩得正高兴，根本没有理会我的话，继续在那摇啊晃啊蹦啊跳啊，晃得我恍恍惚惚，严重影响到我观看节目。

刚说完"别闹"之后，我就意识到了一个问题。问自己："看电视那么重要吗? 不就是一个消遣吗? 消遣不就是玩吗? 儿子蹦蹦跳跳也是玩啊，他正玩得开心，你凭什么让他别闹啊?"想到这里，我的感性被理性压倒，便没再要求他"别闹"，而是允许他继续在身边干扰我看电视。这是我的选择，也是我的态度，今天这样，以后也尽量做到这样。

这是一件很小的事，但通过大人的态度却能反映出我们对孩子投入的爱。你也在玩，他也在玩，当你跟孩子都在玩的时候，谁更重要？

作为家长，我们必须考虑这个问题。生活中，有时我们会因为自己玩得正高兴而忽略孩子的感受，尤其是当孩子的玩耍影响到自己的时候，就把孩子的玩当做是"闹"。这种情况在生活中比比皆是，例如：你和朋友在一起玩扑克或打麻将，孩子在一边玩耍，由于声音大、动作大，干扰了你们的娱乐，你会怎么做？让孩子"别闹"？还是让他离远一点？同样是玩，大人和孩子，谁更重要？

我们经常认为自己的事情都是正事，即便玩也是正事，而对孩子的正常玩耍却不屑一顾。其实对于孩子而言，最大的正事恰恰就是玩。应该说，在孩子的世界里，玩才是最重要的事，因为他们除了玩，真的没有别的什么大事了；而恰恰相反，对于大人而言，看电视、玩扑克、打游戏却都是可有可无的小事，生活中没有了这些，日子还是照样过。但对于孩子，如果你剥夺了他玩的权利，这个后果可大可小。一个不会玩的孩子非病即傻，后果相当严重。

我们有时候口口声声称自己有多么爱孩子，对孩子投入多少，但恰恰在"玩"这件小事上却不愿为孩子让步。爱不是单纯的物质给予，而是无私的陪伴。你的爱有多深？自己算过吗？

我认为，当自己在玩的时候但凡受不了孩子玩耍的，把孩子的玩当作闹的家长，说浅了是自私，说深了是无知。玩是孩子的天性，每当他沉浸在自己小小的世界中时，所需要的只是你的一声配合或一身参与。如果你参与不了也不愿配合，至少不该打断他的玩乐。换位思考，如果当你玩麻将玩得正开心的时候，爸爸过来一把掀了桌子并对你说："儿子，别玩了，干正事去！"你会怎样？

真正的爱是走进孩子的内心，去了解他的需求，理解他的要求，让他玩，陪他玩，这比投入多少物质和金钱都更有爱。【2岁4个月】

24 说出他的心思

凌晨4点，圣斯突然从沉睡中哭了起来，哭着喊着要回家。

他又做梦了。一边哭一边嘴里还说着梦话："走，走，回家，哈尔滨。"

这两个月放寒假，我们一直住在哈尔滨他外婆家，显然他已经把这里当家了。可能是因为我们白天老问他："你的家在哪里？"他有时会说北京，有时又说哈尔滨。日有所思夜有所梦，所以晚上就梦到了回家。

看他哭得越来越厉害，任凭他妈妈怎么拍、怎么哄都没用，依然在梦里坚持着他回家的路。此时我想起了上次同事的提醒，孩子做梦哭闹的话，就说出他的感受，猜出他的心思，这样他就会平静下来。

我在一旁小声地提醒老婆说："你说出他的心思。"老婆采用了我的方法，一边拍一边跟圣斯说话："你是要走是吗？你要去哪里啊？"圣斯回了一句："哈尔滨。"她又问："你现在不就是在哈尔滨吗？那你现在是在哪儿啊？"我看不对劲，这两人怎么还聊上了？于是提醒老婆说："你别跟他对话，说出他的感受就行。"老婆又转换了方式："你要走啊？那我们走好吗？你想回家是吧？那我们现在就回家。你是要去哈尔滨是吗？我们现在就在哈尔滨啊？贝贝想走，是吗？但是我们现在得睡觉啊？"老婆轻轻地、慢慢地通过一阵自问自答，圣斯的哭声逐渐小了，慢慢地恢复了平静，不一会他又入睡了。

这招果然灵验。前几次圣斯做梦哭闹，他妈只是在一旁说一些安慰性的话，比如"你要干嘛""贝贝怎么了"，由于没有猜中孩子的心理，也没有说出他的感受，所以他一直哭，而且越哭越厉害，最后就哭醒了。这次不同的是，妈妈说出了他的感受，并且还满足了他"要走""要回家"的要求，他的梦呓得到了大人的理解，他觉得很安全、很踏实，所以又安心地回到了梦乡。

通过这件事，我想跟大家分享的经验是，当孩子做梦哭闹时，要循着他的梦语轻声地说出他的感受并满足他的要求，让他获得安全感。安慰的时候声音一定要轻，不要开灯，不要制造出不和谐的声响，也不要训斥他、指责他。前几次因为我们不得要领，没有猜中他的心思，所以他越哭越厉害，以致最后哭醒。总之，孩子做梦，我们要多给他一些心理上的满足，他的内心一旦感受到了爱与温暖，也就踏实了。【2岁4个月】

25　儿子染上了酒瘾

近一个月来，圣斯染上了酒瘾。每天晚饭时，他见我和外公喝啤酒，都要蹭上几口。刚开始，我们觉得好玩也没太在意。起初，他每次都只喝一小口，而且喝完之后都会嫌苦。慢慢的他不嫌苦了，而且还爱上了啤酒。如果我们不控制他，估计他能喝掉一罐。

看儿子越来越痴迷于酒的快乐，我开始担心。这么喝下去可不是办法，得想个办法帮他戒了。

其实，每次儿子向我要酒喝的时候，他的态度都不是特别坚决，不像要牛奶、要零食那么强烈，每次都有点腼腆，笑眯眯地跟我要。看得出来，他在要酒时心里是没底的，但每次试探都能得逞，慢慢地就喝上了瘾。

我反思，这件事情都怪我。每次儿子要酒喝的时候，我都没有强烈地拒绝过他，而是觉得好玩，每天给他喝几口，慢慢地使他染

上了酒瘾。一个月来，圣斯的酒量越来越大，从开始的一小口一小口喝，到现在变成了咕咚畅饮。

我看事情严重了。每餐喝点啤酒对于大人来说不算什么事，但对于一个2岁多的孩子，那可是一个严重问题。儿童喝酒不仅会对肝、胃、肾产生伤害，而且还会影响智力的正常发育，甚至降低自身免疫力。

我觉得圣斯爱酒，可能是遗传了我家的基因。他爷爷嗜酒，我是酒量不大但也好喝一两口。具有遗传的基础，加之我这一个月来的培养，酒瘾就这么染上了。

幸好我觉悟得早，事情还没有发展到特别严重的地步。为了儿子的健康，我们决定对他强制戒酒。

第二天，我并没有刻意回避，而是和他外公照样喝酒。圣斯笑眯眯的又来要酒，但遭到了我的断然拒绝。没想到这酒戒得如此容易，第三天、第四天，他竟然再没提出喝酒的要求。此后，每次当我喝酒的时候，他都会看着我的酒杯自言自语："贝贝不能喝，贝贝长大喝。"这是我在戒酒时跟他说的一句话，显然他是记住了。

原来问题不在孩子身上，而是在我。我之所以写下这篇笔记，首先是为了反思和检讨，我以自己的喜好纵容了儿子沾酒，以致他染上酒瘾，我对我的不当行为进行了深刻反思，并在此做诚恳检讨。其次，我是想通过自己的经历告诫所有父母，酒对孩子百害无益，即便他再喜欢，这毕竟不是玩具，必须严格控制。

对于孩子，滴酒不沾，是原则。这个原则我失控了，但幸好及时悬崖勒马，以此为戒。我将在以后的日子里以更加严格的原则性，为儿子的成长把好酒关。【2岁4个月】

亲子时间

粒粒皆辛苦

作词：（唐）李绅

作曲：尤静波

演唱：高歌　尤圣斯

锄禾日当午

汗滴禾下土

谁知盘中餐

粒粒皆辛苦

26　选择童书要谨慎

圣斯有很多童书。我们隔一段时间就会给他买一次新书，每次买了新书，他都如获至宝爱不释手。

最近我又给他买了一套"小狐狸"的童话书，这是一套从德国引进的童书，封面上印着大大的标记——全球销量超过500万册。小狐狸的卡通形象深受圣斯的喜爱。

这几天我突然发现圣斯养成了一个坏习惯，他总是喜欢握拳打人，一边打一边嘴里还念叨着"揍你，揍你。"这可不是一个好习惯！怎么突然学会揍人了？

我仔细一想，坏了！这是跟"小狐狸"学的。因为"小狐狸"那套书里有一本就叫《我要揍你》。讲的是小狐狸爱揍人，一会儿要揍猫头鹰，一会儿要揍小松鼠，玩得不高兴了，还要揍它的好朋友小熊，最后这些动物都不跟他玩了，它很伤心，经妈妈教导，最后它认识到了揍人的不对。从理论上讲，这是一本具有教育意义的童书，但是这本书最大的问题在于它用了很大的篇幅来讲述小狐狸揍人的过程，放大了揍人这个行为，而最后认错的部分只用了寥寥几笔草草收篇。因此，圣斯在听这个故事的时候，他记住了小狐狸常说的"揍你"两个字，而对认错的印象并不深刻。我觉得，这本书没有起到积极的教育作用，反而让孩子染上了坏毛病。

讲了几次之后，我发现这套书对孩子产生的不良影响要大于它的教育意义，于是就让它"失踪"了。

这套书共有8本，当然也有好的部分，比如《请，谢谢》就比较积极，他教会了圣斯说"谢谢"。此外，其他几本也都不太理想，比如《我就要》《我就不干》《我不给你》等，讲的都是小狐狸的任性和它的坏脾气，虽然每本书的结尾都是通过对小狐狸的批评来教育孩子们不要养成这些坏习惯，但对于幼儿来说，他们还无法分辨对错，很有可能通过这些故事而染上一些坏习惯。圣斯的"揍你"行为就是一个典型的例子。

起初，我也是出于对童书的信任，没有对里面的内容进行太仔细的了解，就买下了这套书。讲述过程中，起初也没有认识到这些坏习惯会对孩子产生那么大的影响，总以为结尾时小狐狸的那点反思会对孩子产生启发。结果非常显然，我们高估了这个年龄段孩子的分辨能力。因此我认为，针对幼儿的童书最好还是以正面引导为宜，尽量少用反例，尤其是易学易模仿的坏习惯和坏脾气，更应该有所把控。

一个孩子，要养成一个好习惯非常难，但学会一个坏习惯却非常容易。所以，我们在选择童书的时候一定要谨慎，尤其是对于3岁以下的幼儿，最好不要选择像这只小狐狸这样，脾气不好又浑身都是坏习惯的童话形象，一定要选择正面的、浅显易懂的、具有积极意义的儿童读物。在选择童书时，也不要太相信书上印着的那些

充满诱惑的宣传语，一定要通过自己的判断谨慎选择。【2岁4个月】

27 如何平衡爱的天平？

每天早上醒来，圣斯都要扎到妈妈怀里亲热一会儿。这天早晨，圣斯一睁眼照例就像往常一样扎到了他妈妈怀里。而这个时候，二宝（圣歌）在一旁的婴儿床里哭了，因为老二太小，才两个多月，肯定是一早醒来饿了。老婆立即把老二抱起来喂奶，而此时圣斯也缠着妈妈要抱。因为只能顾一个，老婆只好把圣斯晾在了一边，一边喂老二一边安慰老大。

我在一旁还没睡醒，迷迷糊糊的看到圣斯很不高兴的样子，便说："爸爸抱你行不行？"但他不要，就要妈妈。没过一会儿撇起了嘴，哭了。

很明显，圣斯这是在和弟弟"争宠"。其实，圣斯平时都很喜欢弟弟，在很多事情上也都表现出了哥哥的风范，还经常亲弟弟的额头以示他的疼爱。我估计，今天圣斯不高兴的原因是，因为弟弟的哭破坏了每天早上他和妈妈亲热的规律，弟弟分走了本该属于他的爱，所以他失落。

两个孩子，如何平衡爱的天平，这是一个非常重要的问题。自从有了老二，我们就曾讨论过这个问题，我和老婆的思想完全统

一——尽量做到"一碗水端平"，不倾向任何一方。

有人认为，老大是哥哥应该让着弟弟，但我不认同这个观点。圣斯和圣歌只差两岁，圣斯只是一个2岁多的孩子，他自己都还是个幼儿凭什么要让着弟弟？他要爸爸妈妈的爱，这是一个非常正常的需求，我们没理由让他违背自己的意愿去成为一个无私的哥哥。所以，当他妈妈喂完老二之后，立刻就把圣斯搂进了怀里以弥补几分钟前的冷落。

现在老二还小，等他再长大一些，两兄弟抢东西是不可避免的事情。我们都已做好了准备，如果出现物质纷争，绝不倾斜，绝不瞎判，以理服人。当道理讲不通的时候，就让他们自己去解决。手心手背都是肉，这个裁判不好当，判谁赢，输的都是自己的孩子。所以，两个孩子的父母，一定不要当裁判，尽量充当调解员。【2岁4个月】

28　严格执行作息时间

我们从哈尔滨回到了北京，圣斯在外婆家足足住了三个月，他在那里比较自由，很多原则性问题都被打破了。比如吃饭的问题，原来圣斯都已经能够自己吃饭了，去了哈尔滨，又回到了他妈妈喂饭的状态；每天的午睡时间和晚上睡觉的时间也都不固定，几乎都是玩到困了才睡。

回到北京第二天，我就给他制定了作息时间表，在这个离开了三个月的新环境中，我试图用时间表来重新规范他的生活节奏，让他养成良好的作息规律。

由于时已入春，我和老婆商量，先制定一个春季作息表，等到入夏根据日长变化再做更改。时间表是这么安排的：

8:00　起床

8:30　早餐

12:30　午餐

14:00　午睡

18:00　晚餐

20:30　上床

21:00　睡觉

并附加一项规定：饭前一小时，不准吃零食。

我和老婆约定，在试行的前几天可以前后错时半个小时，让他有一个适应的过程。

试行前两天，圣斯有点不太适应，尤其是晚上睡觉，在哈尔滨的时候每天都是10点以后才睡。为了让他适应新的作息时间，我们每晚8点半准时进卧室，玩上半个小时，9点钟准时熄灯。试行前两天熄灯后，他还不肯睡，不停地说话，要求很多。他妈妈的办法就是自己装睡，他一个人说着无聊了，慢慢的也就睡了。

试行第三天，由于早上要打疫苗，一早7点半我们就起床了。由于起得太早，中午才到1点半圣斯就睡了，睡到下午3点多醒来，晚上8点半准时上床，9点熄灯，刚过9点半，他已呼呼睡去。通过这三天的调整，圣斯的作息时间已基本趋于规律。

人的作息时间最需要的就是规律性，尤其是孩子，若从小养成规律性，这对以后的生活都有好处。一般情况下，晚上不睡觉的人早上一般都不能早起。我们无法想象，一个晚上总是11点睡觉的孩子，怎么可能让他每天早上8点钟起床？即便他起得来，也不利于他的健康成长，因为充足的睡眠对于孩子的发育尤为重要。

在哈尔滨的三个月，圣斯有时候要到下午4点才睡午觉，起来就傍晚6点多了。到了晚上9点，你又让他睡觉，若换成是你，你睡得着吗？有时候，4点钟睡醒了，吃点小零食，到了6点晚饭时间，他又怎么能吃得下晚饭？

孩子一天的作息时间是环环相扣的，其中一环不规律，后面的规律就会被打破，规律破了很多问题就会随之而来。所以只有严格按照规定时间进行有规律的作息，才能保证孩子得到充足的睡眠，得到合理的饮食，保证他们健康成长。

从小养成规律性，这对孩子的成长非常重要。从小守规矩，长大方能规规矩矩做人，踏踏实实干事。【2岁4个月】

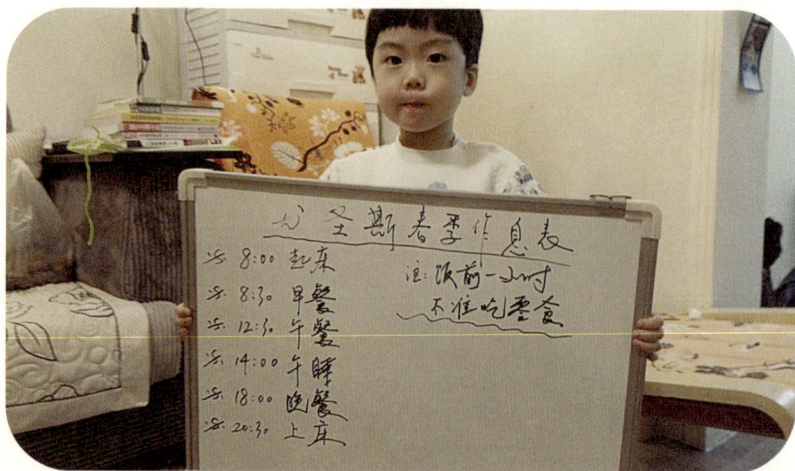

29 参与修理的启示

电脑出了点问题，我趴在电脑桌下修电脑，打开机箱后桌下很乱。圣斯看见了觉得很好玩，就趴在我的身边看热闹，我越往里爬他也越往里钻。

　　起初我觉得桌下比较脏，他靠在我身边又碍事，本想让他走开，但回头一想，让他看看也好，正好能够培养他的修理兴趣，便于以后开发他的动手能力。

　　由于桌下光线较暗，看不见零件，我想打开手机里的手电筒来照明。便把手机给了圣斯，说："你帮爸爸拿着手机，帮爸爸照着。"他拿着手电筒，臂力不够举不太高，光总是照不到我想看的地方，我让他举高点，他便举高，态度很好但能力不够，光照反了；我帮他调回光束，但是他的手又举累了，抬不起来只能照在机箱边上，我只能隐隐的看到零件。为了不打消他参与的兴趣，我没再要求他举高，只能自己凑合着干了。

　　这是一件微不足道的小事，但我却认为它很重要。虽然他挤在我身边，在狭小的桌子底下很碍事，但为了不打消他参与修理的积极性，我"忍"了。

　　家长对孩子的示范作用对孩子习惯的养成非常重要。由于自己深有体会，所以我十分注重这些细节。

　　我认为自己在日常生活中的修理能力较差，这是因为我从小到大都没有看过父亲修理家电或家具的示范。因为父亲自幼习武，80年代在我小时候，家里常年住着一批随父习武的徒弟，家里的一些零活都是他们干，修电器拆家具之类的活他基本不干。因为我从小就没有看到过这些示范，所以在拆装方面的动手能力很差。老婆的动手能力就比我强，这是因为她从小就跟着岳父大人拆装电器。所以我家每次买了散装物件时，一般都是她指挥我动手，她的能力远比我强，在她的指挥下我只是个劳动力。

鉴于我们的亲身经历，我认识到从小培养孩子的动手能力非常重要，所以在圣斯1岁多的时候我就让他介入了家庭劳动和各种拆装，只要他不把天花板拆下来，我们都不拦他。因为生活中的每一件小零活都需要开动脑筋。

开发智力从何做起？就从身边的小事做起。大人示范，孩子参与，从小就能干活的孩子，长大了动手能力肯定差不了。【2岁5个月】

30　在惩罚中帮他赶走坏情绪

早上，外婆给圣斯做了早点——西红柿面片。可圣斯不想吃，一直惦记着葡萄干。葡萄干泡在水里还没软，更何况还没吃早饭就吃葡萄干，那还能吃得下早饭吗？

我坚持不让，条件是必须先吃完面片才能吃葡萄干。他也不示弱，看我态度那么坚决，他也耍出了小孩的绝招——耍性子跟我对抗。

来吧，对抗吧。

我先让他坐在自己的座椅上反思。他不干，撇嘴哭，还耍起了大脾气。我看他不达目的誓不罢休的样子，只好又耍出了必杀技——进房间反思。

我把他抱进卧室，关上门，将他放在床上，我坐在旁边看他哭。哭了一会儿，看他满脸都是鼻涕泪水，就拿来一张餐巾纸擦了他的鼻涕。他的鼻子呼哧呼哧的，看来鼻子里面还有鼻涕，于是我又拿来一张餐巾纸，放在他的鼻子前，说："往外擤。"他的鼻子用力一哼，嗤的一声鼻涕擤出来了。我拿着脏纸装出很夸张的样子，故意提高嗓门说："哎呀，太恶心了！"他看我那么夸张，噗嗤一声破涕为笑。我看时机来了。

趁他笑，赶紧抓住擤鼻涕这件事情，趁机赶走他的坏情绪。于是，我故意又拿来一张纸，让他继续擤鼻涕，这样重复了三次，每次他都笑。

你看，小孩就是这么单纯，我只用了一个夸张的表情，就让他的哭脸变成了笑脸。我看他挺高兴，很乐意让我跟他这么玩，就又故意把两根手指放在他的鼻子前，让他用力擤，他一哼哧，我又装作很嫌弃的样子，嘴里还夸张地说着："哎呀，这个太恶心了！"反复几次，把他逗得嘎嘎直乐。

看他的情绪已经由阴转晴，我趁机跟他说吃饭的事情。玩归玩，但是涉及原则问题绝不让步，他还是坚持要吃葡萄干。你看这小孩，倔不倔？

我说："爸爸不是跟你说了吗，那是原则问题，不吃早饭就不能吃葡萄干。"在我反复劝说之下，他依然坚持不吃早饭。我说："那好吧，饭不吃了，那葡萄干也不能吃。"他同意了。

我看他的坏情绪已基本过去，脸上也露出了笑容，就说："那我们出去找妈妈吧。"他说："好！"就这样，这件事情和平解决。

我在让他反思的过程中，通过擤鼻涕的一个偶然动作顺势发展，帮他赶走了坏情绪，使他转哭为笑。

我的原则坚持了，他的原则也坚持了，两个原则相撞的结果就是他饿了一顿饭。但我觉得这顿饭饿得值。第一，因为我的坚持，合理地控制了他随心所欲的欲望；第二，由于他的坚持，早饭没吃，但却保证了下一顿饭的正常进食。午饭时，他没有再拒绝吃饭，并且还吃了很多。因为他真的很饿了。

通过这件事我发现，孩子越大主观意识越强烈。以前碰到这种情况，只要通过反思或冷处理一般都能在对抗一阵子之后把饭吃了。但是现在不行了，他的主观意识变强了，不达目的誓不罢休的态度越来越坚决。因此，这个时期家长的态度尤为重要，既不能伤了孩子的自尊，也不能丢弃原则放任他的欲望，所以既要坚持原则也要适时而哄。

咳，孩子越长越大，斗智斗勇的日子以后还长着呢！【2岁5个月】

31　农村的放养生活

我们一家人回浙江宁海老家看望病重的圣斯爷爷。回去才一个星期，他爷爷就离开了人世。在接下来处理后事的 10 多天里，家里人来人往每天都有几十人聚在家中。此前我们住在北京，家里平时只有三四口人，每当家里来生人，圣斯都会害羞地低头不语。这次经过老家的锻炼，圣斯的胆子变大了，由于每天都会见到很多生人，人见得多了自然也就不惧了。由于他还太小，无法感受到爷爷离去的悲伤。亲戚家的孩子来了，圣斯就和他们一起玩，每天都穿梭在人群中跑来跑去的非常开心。

原来看到生人，让他打个招呼都是一件很困难的事情，每次都是低着头，好像犯了错误一样。而在老家这几天，看到亲戚让他叫舅舅，他就叫舅舅；让他叫爷爷，他就叫爷爷；几天时间好像变了一个人似的。

在北京的时候，圣斯寸步不离我和他妈妈；在老家这几日，有天下午他竟然独自跟着一位伯伯上山挖笋去了。伯伯挖出一个，他就往篮子里装一个，配合得好极了。挖了一篮子笋，整个过程中他也没有找爸爸妈妈。看这样子，他已融入了老家生活，适应了人多的环境，圣斯已经不再怕生了。

都说城里的孩子胆子小，的确如此。住在城市里，邻里之间很少交往，朋友之间串门的机会也不多，为了防患骗子，每次外出也不敢让孩子与陌生人过多接触，孩子一天到晚能见到的人除了爸爸妈妈之外，屈指可数。在这封闭、孤独的环境中，我们让孩子如何放得开胆子？而在农村却不一样，左邻右舍全是熟人，不用戒备周围的环境，也不用担心孩子的安全，只要孩子喜欢他就可以撒开腿到处跑。或许，这正是城市和农村的差别吧！

都说城里的教育质量高，但我认为学龄前的农村"放养"应该不会比城里的"圈养"生活来得差。我们应该多带孩子回农村，让他们有更多机会亲近大自然，在不需戒备的环境中让他们在田野中自由奔跑。

回归，是生活的一种至高境界。在这喧嚣的现代社会中，大人需要回归，孩子也需要。更何况老家还有奶奶在，作为孙子，圣斯和他弟弟是奶奶唯一的精神寄托。因此，以后我们一定要常回老家。【2岁6个月】

32 自己洗手：得来不易的好习惯

晚饭后，我们带圣斯出去剪头。以前圣斯的头发都是他妈妈给剪的，这是他第一次去理发店剪头。本以为他会害怕，结果完全出乎意料，他乖乖地坐在凳子上一动也不动，非常配合理发师。剪完以后照着镜子，自己乐了。看样子他对这次剪的发型还挺满意。

回到家，圣斯心情非常好。我们都顾着自己换衣服，只听卫生间里的水龙头在哗哗流水。他妈妈本以为是我在给圣斯洗手，过去一看，是他自己在洗。圣斯撸起了袖子踩在小板凳上，自己冲洗着小手。他妈妈感到很惊讶，一直都是我们帮他洗，今天他竟然自己主动去洗手了。

平时，每次外出回来，进屋第一件事情就是先洗手。久而久之，他已养成了进屋先洗手的习惯。

妈妈看他洗得非常认真，就跟他说："打点香皂。"圣斯从一旁的香皂盒里取出他专用的小香皂，在小手上涂了几下，随即把香皂放回香皂盒，又搓了搓双手，然后再把小手放在水龙头下冲掉了肥皂沫。我怕他冲不干净，在一旁提醒了一声："多冲一会。"得到我的提醒，他把小手冲得干干净净，棒极了！

孩子的习惯都是平时养成的，生活中的每一个细节，都会成为他日后的行为习惯。培养孩子的好习惯不

容易，而染上一个坏习惯却轻而易举。因此，生活中一旦养成好习惯，我们一定要让他保持下去，等量变达到质变的时候，好习惯就自然养成了。

圣斯今天的表现，我认为是这两年来在我们的坚持下，从量变到质变的一个飞跃。以后，我们会继续鼓励他自己洗手，以巩固这得来不易的好习惯。【2岁6个月】

33　照片背后的混乱思维

每晚睡前一般都是妈妈在客厅哄老二，我在卧室给圣斯讲故事，陪他玩。等老二睡了，他妈妈再来陪圣斯睡觉。

晚上，我先给圣斯讲了一会儿故事，然后又玩了一会儿手机。他喜欢看我手机里的照片，我就一张一张的翻给他看。看到一张我抱着他的照片时，就无意的问了一句："照片里有谁啊？"他说："爸爸、贝贝，还有妈妈。"我先是一愣，妈妈？在哪里呢？

我本想问："这里有妈妈吗？"但是我没这么问，而是问他："妈妈在哪边？左边还是右边？"他用手指着左边，嘴里说："这儿。"很明显，在儿子的脑海中是有画面的。这说明他的思维在运动，脑瓜在思考。我继续问："妈妈在干什么？"他说："抱弟弟。"哈哈，思维开始混乱了。这是两年前拍的照片，那时候还没有弟弟呢。

　　孩子的大脑还没有发育完全，他们的逻辑思维和大人不一样，经常会把过去的事情和今天的事情串联到一起，根本没有时空的概念，所以他才会认为照片后面的妈妈抱着弟弟。虽然逻辑思维混乱，但看得出来他的想象力是丰富的。

　　在一张只有我和他两个人的照片中，能够想到妈妈在一边抱着弟弟，这是一次非常难得的思想遨游。所以，我没有纠正他那混乱的思维，而是顺着他的思维跟着一起混乱。其实，这就是孩子的想象力，正是需要我们去保护的想象力。在生活中，如果我们看到孩子天马行空的混乱思维，最好顺着他们的想法，陪他去"混乱"陪他去"荒唐"，完全没必要去纠正他们。因为对于孩子的大脑，开发他们的想象力比灌输真理更有意义。

随后，圣斯又指着一张他百天时趴在白绒毯上拍的照片，我便问他："你趴在哪里？"他说："趴在米上。"起初我没听清楚他在说什么，但他连说了三遍。终于听清了，"哇，这里好多米啊！"我说。【2岁6个月】

34　哪吒闹海葫芦娃

最近天气变暖了，澡洗得比较勤。圣斯很喜欢和弟弟挤在一个盆里洗澡。每次看见弟弟下水，他就急着脱衣服也要进去。两人挤在一个浴盆里，虽然腿挨着腿很挤，但两人都很开心。

晚上8点多，又该洗澡了。圣斯早早地脱了衣服下了水，随后我托着老二，一手托着脖子一手托着背，小心翼翼地把他放进水里。老二一下水，就像如鱼得水一样，两只小脚在水里扑腾起来，甚是开心。只是苦了他哥哥，溅得圣斯满脸是水。圣斯不但没生气反而很高兴，一边躲着水花一边乐呵呵地伸手去抓弟弟的脚。

突然，圣斯嘴里咕噜咕噜的冒出一句话："@#￥%……&"我没听懂。他妈妈在一旁翻译："哪吒闹海葫芦娃。"

"你说什么？"

他又说了一遍："哪吒闹海葫芦娃。"

我接着又问："为什么是哪吒闹海啊？"

圣斯答："弟弟脚丫踩水。"

好家伙，看样子这神话故事已经印入脑海了。

我接着又问："那为什么还有葫芦娃呢？"

圣斯答："葫芦娃会吐水。"

哈哈，原来这小哪吒闹的竟是葫芦娃吐出的海水。

瞧这想象力！看样子这两年多来故事真没白讲。【2岁6个月】

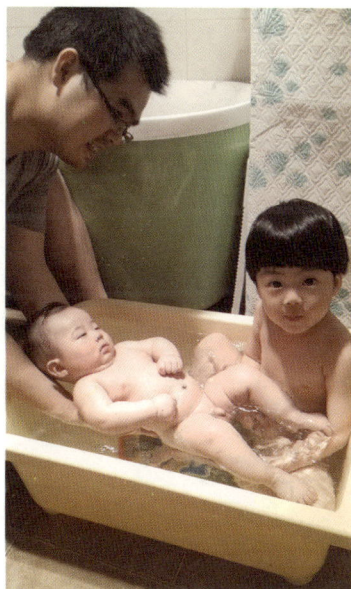

35 关于结巴

圣斯在3个月前，也就是在2岁3个月的时候，突然出现了一个让我们很担心的问题。说话的时候，他经常重复某一个字，听起来有点结巴。

在结巴之前，圣斯的语言能力还很差，只能说两三个字，字数多了就会省去中间的字，只说头和尾字。有一天他突然说出了四五个字的句子，但同时他也开始结巴了。

突然的结巴，让我非常担心。每当他结巴的时候，我便对他说："慢慢说，不着急。"目的就是想纠正他的口吃。因为我不知道这种情况是否正常，所以比较担忧。

一直怀着忐忑的心情，观察了3个月。最近发现圣斯的语言能力增长了很多，他现在已经能够和大人进行简单对话了。有时候，当他没听清楚我和他说的话时，他会反问我："爸爸，你说啥？"操着一口东北口音。

东北口音倒不担心，有时从他的小嘴里冒出几句地道的东北话，听起来还挺好玩的。最让我担心的还是结巴的问题。虽然他的语言能力有了很大提高，但偶尔还是会重复某个字或词，还是会不时的口吃。我跟老婆说："这个时候我们必须要纠正他了。"以前结巴，可能是因为他的大脑语言系统还没发育健全，当他想表达一个意思时，脑子里又调不出合适的词汇，所以他总是重复某一个字或词，以便留出想词的时间。这一招，我平时在上课时也经常会用，有时一下子找不到合适的词汇，也经常会重复上一句话，以便给大脑留出想词的时间。后来我在网上查阅了资料，有人说通过结巴这个过程之后，他的语言能力会得到很大突破。不过，3个多月过去了，圣斯还没改掉结巴的问题，我感觉这变成一种习惯了。所以，每当他结巴的时候，我就立刻提醒他——"说一遍"。比如，"贝贝、贝贝、贝贝自己吃。"我就会跟他说："说一个贝贝。"每次得到我的提醒，他都会立即纠正过来，并且放慢速度一字一字地说出来。

在语言的发展过程中，圣斯已养成了重复字、词的习惯。这个习惯必须纠正，否则将会落下口吃的毛病。所以，我们全家行动起来，只要听到他重复说话就立刻提醒。经过几个星期的纠正，现在结巴的问题已经基本消除了。

悬着几个月的心，终于放了下来。通过自己的经历，我想在此提醒各位家长，在孩子语言能力尚不完善的时候，有点结巴并无大碍，这是语言发展的正常现象。但是随着孩子语言能力的逐步完善，一定要时刻注意他的语言习惯，发现任何坏习惯，一定要立即遏止，尤其是结巴，需要时刻警惕。【2岁7个月】

36 儿子的第一首原创歌曲

睡前，我和儿子一起在床上唱歌已成为一种习惯。每次都是他选，我唱，他跟唱。有时候我也会拿把吉他或尤克里里（四弦小吉他）配个伴奏增添气氛。

今天，我们和往常一样在床上弹唱。弹了一会儿我唱累了，便把小吉他放在床的一边。圣斯看我不弹了，就拿起小吉他自己在那拨弦玩。因为他太小，左手还不会按弦，只能用右手拨空弦。一边拨弦一边哼唱，嘴里哼着《两只老虎》的旋律，看他边弹边唱的样子，很可爱。他是在模仿我吗？我称他为——一个和弦的弹唱。

圣斯在床上一边翻着儿歌书一边弹唱，足足弹了10多分钟。其实他根本看不懂书里的乐谱和歌词，只是模仿我平时弹唱的动作而已。唱了一会儿，我惊奇地发现："他嘴里哼的是什么旋律？"

我没教过他这个旋律，也没听过这个旋律。我问他妈妈，她说她也没教过这个旋律。这就奇怪了！难道是儿子自己想出来的？

儿子在哼唱中，不仅有旋律而且还有歌词。其中有三句歌词唱得非常清楚，是"妈妈上班去，爸爸上班去，宝宝睡觉去。"虽然中间的旋律拐来拐去的含糊不清，但从整体来看，这段旋律还算符合歌曲的规律。

怎么解释呢？我只能认为这是他的原创歌曲。2岁7个月，儿子竟然哼出了自己的第一首原创歌曲。这太神奇了!

是平日的音乐熏陶起作用了吗? 还是遗传了我的基因? 不得而解。但这的的确确是我们没有听过的旋律。

所幸的是我拍下了这段视频。并且, 我已经把这段视频视为儿子最珍贵的影像。试想一下, 等儿子长大后, 我若在他人生的重要时刻回放这段视频, 那是多么珍贵的纪念啊!

除此之外, 我还有一个想法, 就是等儿子再大一些, 让他在这个旋律的基础上, 将它变成一首真正的原创歌曲, 成为他一辈子的歌。这个意义, 大乎?【2岁7个月】

37 亦父亦友

圣斯已经两岁半了, 近一两个月来, 他的语言能力和思想都有了很大的进步。每天滔滔不绝地像个小大人似的。我觉得, 现在已经不能再用过去的那些方法教育他了, 因为他已经能够和你对话了。

我对他的态度是, 原则性问题依然坚持一贯的严格性, 继续保持父亲的威严。树立这个威严, 不是为了满足虚荣心, 而是为了在孩子面前树立威信, 关键时刻可以为他领航把舵。比如, 前两天吃饭时, 由于他不想吃米饭, 便抓起一把米饭就扔到地上。从行为上看这是一件小事; 但是从意识形态上看, 不珍惜粮食可是一个原则性问题。我见状立刻扳下了脸，用非常严厉的态度，十分严肃的向他指出了错误，并且告诉他米饭的来之不易，这个世界上不知还有多少孩子吃不饱肚子。或许现在他还无法理解我讲的道理，但我必须用严厉的态度告诉他，这是不对的。

严格的时候我非常严格，但在日常生活中，我们经常像好朋友一样一起玩耍。他会把我当做大山，在我身上爬上爬下，美其名曰"爬山真好玩。"睡前我们会一起唱歌或一起沉浸在童话故事中，我也会陪他在床上玩蒙被子的游戏。玩好了没事，玩不好他也会跟我急、跟我喊。像这种无关原则的事情我都迁就他，玩急了我也会学他生气的样子故意跟他耍性子，然后两人继续happy。

我对儿子的原则是：平时做朋友，关键时候做父亲，也就是——亦父亦友。该做父亲的时候我会毫不犹豫地摆出父亲的威严，该做朋友的时候我会截然收起父亲的架子。

因为从小到大我和父亲之间就非常拘谨。父亲从不打我也不骂我，但也很少跟我玩跟我闹，所以我们之间客气得像客人一样，从来不会拥抱，从来不开玩笑，在我心中父亲就是门前的一座高峰，虽然很近但无法攀登。

正因有了自身经历，所以我绝不允许自己在儿子面前变成一座高峰，我只想变成一座山丘，立在儿子面前，他抬头可见我的高度，但平常却可以在我身上自由攀爬，无拘无束。

　　孩子成长的道路以后还很长，我试图在我和儿子之间走出一条更趋合理的父子之路，让它一直通向儿子的人生大道。但不管如何，亦父亦友是我们一生不变的情谊。【2岁7个月】

爸爸我爱你

38 他把手插进了插座

下班回家，我在厨房做饭。只听老婆在客厅一边笑一边喊我，她说："你来看呢，看你儿子在干嘛？"我带着一片好奇心满脸笑容地冲出厨房，心想儿子肯定是又在上演什么滑稽大戏了。

到了客厅一看，圣斯正歪着脖子，闭着眼睛，以静止的状态摆着一个自以为很酷的造型。看他这个样子的确很搞笑，难怪他妈看得嘎嘎大笑，但是当我看到他的手时，却笑不出来了。他竟然把手指插在了插座孔上。

我那满脸松弛的笑容立刻收紧，并以非常严厉的态度大喊了一声："把手拿下来！"由于我是瞬间变脸，圣斯好像还没反应过来，继续摆着那个姿势，没动。我又大喊了一声："快把手拿下来，不能插在插座上！"由于我的声音很大，语气很强，这下他听清楚了。刚才还好好的，突然被我这么训斥，他瞬间感到非常委屈，哇的一声就哭了。

我没有去安慰他，而是跟他讲了一些插座危险的道理。我一边讲，他妈妈在一边安慰儿子的情绪。与此同时，我也跟老婆谈起了话："你还笑，他都把手指插进插座孔里了，你还在一边看热闹。你这么一笑，他还以为这是件挺好玩的事，以后再玩怎么办？像这种具有危险的原则性事情，以后必须严厉制止，不可姑息。"被我这么一说，老婆也觉得自己"捡乐"捡错了地方，她没反驳我，而是接着我的话茬，继续给儿子做起了危险教育的思想工作。

过了一会儿，我的语气缓和下来，用亲和的口吻安慰圣斯，我说："不是爸爸故意要训你，而是这么做太危险了，你知道吗？这个插座有电，把手插进去，会被电死的。"因为之前我给他讲故事的时候，讲到过魔鬼被杀死的情景，目前他对于死的认识，只是倒地伸舌头而已。但他知道，死是不好的事情。所以，我就用了最直接的表达——"死"来形容用手碰插座的后果，目的是为了让他认识到后果的严重性。

被我这么一安慰，刚才的委屈随之消散，立马不哭玩去了。

其实，这个插座只是从"墙插"引过来的一个插线板，为了安全起见，平时"墙插"上的电源都是被我关掉的。因此，这个插线板上的插孔是没电的。他妈正是因为知道这个插座没电，所以看到儿子把手插在插孔上，就没当一回事。但是，家长们应该认识到，这是一个原则性问题。原则需要我们注意，不管插座有没有电，把手插进插孔里是坚决不能做的事情。这次没电但谁能担保下次没电？谁又能担保下次他不会把手插进别的插座？

孩子的一些坏习惯，往往是因为他们在养成的过程中，没有得到家长的及时制止，因而发展成不良习惯，以致造成一些严重后果。所以在教育孩子的时候，面对原则性问题必须立即制止。只有当家长通过严厉的态度，坚决地告诉孩子这件事情不能做时，他的

脑子里才会留下印象，几次之后才能形成记忆。因此，像手指进插座这样的事情，捡乐不得。【2岁8个月】

39 红灯不能走

晚饭后，我们带着圣斯出去散步。过马路时恰逢红灯，我紧紧地握着圣斯的手，两人站在斑马线的这头，凝视着马路对面的红绿灯。儿子随口就说了一句："不能走。"

"是的，红灯不能走。变成什么颜色才能走啊？"我问。

"绿色"，他答。

由于每次过马路时我都会告诉他——红灯不能走，只有变绿了才能走。一次次的啰嗦，今天终于见效了，儿子已经记住了"红灯停、绿灯行"的交通规则。

等了几十秒，马路上没车了，可灯还是红的。突然，跟我们一起待行的一位阿姨，匆匆忙忙地跑进了斑马线，迅速地穿过了马路。

看到这个情形，我没等圣斯反应过来，就立刻跟他说："圣斯你看，她这样是不对的。""为什么不对啊？"儿子有点懵。我又接着跟他说："红灯还没变绿她就过去了，是不是不对？"儿子点点头："不对，不能走。"

在我一次次教育儿子"红灯不能走"的情况下，突然有人在我们面前打破了这个规则。我觉得这是一个具有双面性的案例。

　　碰到这种情况，我若不跟儿子明确指出这种行为的错误性，久而久之他的概念就会模糊。爸爸总说"红灯不能走"，但别人怎么都在走呢？所以，一旦遇到这种情况，必须将其作为反面教材，对此事进行现场点评。如果从另一面来看，如果我们能够抓住这个反面例子及时进行教育，这种违反规则的案例就可以加深孩子对遵守交通规则的印象，可以起到反面印证、正面引导的作用。因此，在孩子的眼皮底下，一定要明确指出事情的是非对错，对则表扬，错则批评，一点不可含糊，以防破坏了孩子心中刚刚建立但尚未巩固的是非观。

　　孩子是这个世界的未来，我们每个人都是孩子的父母，或都将会成为孩子的父母。为了给孩子一片纯净的天地，我郑重呼吁：在孩子面前，请大人们一定要遵守规则，尤其是在闯红灯的时候，一定要看一看身边是否有孩子。如果有孩子正用他那稚嫩的眼光凝视着象征命运的红绿灯时，请您一定要高抬贵脚。

　　几周后的某日，我们外出回家。他妈妈推着老二的推车，圣斯跟在后面走。因烈日当头，他妈妈只顾朝前走。过马路时正好红灯亮了，圣斯看妈妈没有停下来的意思，就在一边问："妈妈，什么灯不能走？"得到儿子的提醒后，恍然大悟，立即停住。

　　儿子厉害，抓住一个反面教材，批评她！【2岁8个月】

亲子时间

过马路

词曲：尤静波

演唱：高歌　尤圣斯

过马路　左右看

红灯变绿脚步要加快

有车来　要让开

即便是绿灯也要让开

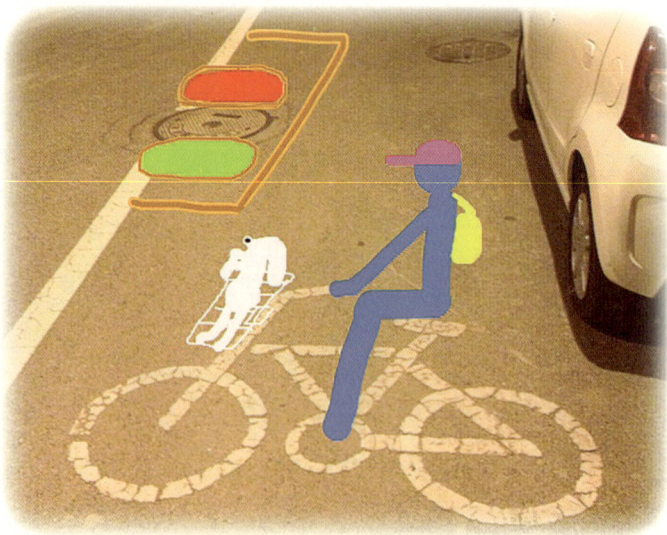

40 卖火柴的小女孩

又到了睡前故事时间，今天我给圣斯讲了一个《卖火柴的小女孩》的故事。讲到"小女孩冒着风雪走在大街上卖火柴，而她的爸爸却整天喝酒，喝得醉醺醺的也不管孩子。"这个时候，圣斯插话说："贝贝不能喝酒，贝贝长大喝。"

这是我平日喝酒时，总跟他说的话。所以看到书里画着爸爸喝酒的图，他脑子里储存的记忆只有这个。但是，我想让他知道的不仅仅是喝酒这件事。我问他："小女孩没有妈妈，而她的爸爸又不管她，她是不是很可怜？"他点着小脑袋："嗯，小女孩可怜。"顺口又接了一句："贝贝有妈妈。"我说："你还有爸爸呢，你有爸爸妈妈照顾你，你是不是比小女孩幸福多了？"他回答："嗯，贝贝幸福。"

之所以跟他讲这些，主要是想让他在比较之下能够意识到自己的优越性，从而珍惜当下的幸福生活。

随后讲到："小女孩受到马车的冲击摔倒在地，一个小男孩跑过来抢走了她的鞋子，小女孩只能光着脚丫在冰冷的雪地里行走。"

我用沉重的语气问他："小女孩可不可怜？"儿子的同情心被我激发了，本来很高兴的心情，随着我的发问瞬间变得沉重起来。他说："小女孩真可怜。"

我说："小女孩没鞋穿了怎么办？她光着脚丫在雪地里走，那多冷啊！"圣斯一下子没有了主意，答不上来了。

我觉得，这是实施人文教育的好时候。便说："那你把鞋子送给小女孩好不好？"他说："好。"

我又问："那你想送她几双呢？"他用他脑子里仅有的十个数字，从1数到了10，对他而言，10就是代表很多。

"哦！那么多鞋子都送给小女孩啊？你把鞋子都送给小女孩了，那你自己穿什么呀？"

他的思维瞬间又被"堵"住了。我连忙接上说："你还有爸爸妈妈呀，爸爸再给你买好不好？"

"嗯，好的。贝贝把鞋送给小女孩，爸爸再给贝贝买，对不对？"他问我。我发现，圣斯这两个多月来总是喜欢重复大人说过的话，以证明自己理解或明白了。

我看他已经被我引入了故事的情境之中。于是便开始拓展话题。

我问他："那你怎么把鞋送到小女孩的手中呢？"

圣斯想了一会儿，说："叫快递。"

哈哈，快递？我说："好啊，那我们就叫'顺丰'吧，速度快一点，这样的话今天寄出明天她就能收到了，早点穿上鞋她就不冷了，对不对？"

圣斯答道："对，没错。"随后他又自言自语了一番："叮咚，快递，鞋子寄给小女孩……"

没想到，圣斯把这童话故事和现实生活结合上了。这正是我想要的！我就是想通过循循善诱，开发孩子的想象力。不过，将童话和现实相结合，之前我是没有想到的，在儿子的启发之下，给了我一个新的思路。

都说教学相长，今天我又在"教"中"长"了思维。谢谢儿子！【2岁9个月】

41 讨厌妈妈

今天我要说的是一个反例，我和他妈妈都需要反思的一件事情。

清晨，我们都还没起床，儿子醒了，一如既往地爬到我和他妈妈中间躺着。"第三者插足"已经是习以为常的事情了。

在儿子醒来前，我和老婆正因一点小事出现了意见分歧，这个时候儿子醒了，躺在我们中间，我们的讨论就被他打断了。此时，他妈妈故作生气地打了我几下，我也装出很疼的样子捂着脸在那装哭。

儿子见状，有点发呆。从惊愕的表情可以看出，他有点懵了。这个时候，老婆又继续在我大腿上打了几下。这时，儿子的正义感油然而生，便对妈妈说："别打爸爸，爸爸疼。"见儿子这么说，他妈妈心里乐了,故意又打了我两下。你猜圣斯怎么说?

他说:"讨厌妈妈。"

我在一边继续装哭但心里暖暖的,感觉到了儿子的正义感以及儿子对我的那份发自内心的爱。此时如果换成我打他妈妈,我想他也会用同样的方式来阻止我的。因为打从心里他已认知:打人是不对的。

但是,接下来的事却让儿子不知所措了。老婆问儿子:"你说什么?"儿子答:"讨厌妈妈。"他妈妈立即下了床,在床边说:"讨厌妈妈是吧?那好,那你以后别跟妈妈睡了。"听老婆这么一说,儿子呆了,晚上睡觉没有妈妈陪伴,这可是他最不能接受的事情。他妈妈又问:"那你说,讨厌谁?"儿子不答。其实儿子内心的答案只有我懂。

随后,老婆又问:"你说讨厌谁?妈妈给你棒棒糖。"一脸茫然的儿子突然乐了,脱口而出:"讨厌爸爸。"

这立场也太不坚定了!一根棒棒糖就被收买了?

出于妈妈的要挟和诱惑,圣斯的立场被改变了。但是我能感觉到,他内心的正义感依然是存在的。

在这件事情上,我败了;但实际上,他妈妈也没赢。我们都输了,输在混淆了儿子的是非观念。

事后我跟老婆说:"以后我们不能再这样了,这样会动摇儿子的正义感。"起初，他是一种源自内心的是非判断——打人不对，所以他说"讨厌妈妈"，但有几个孩子经得起棒棒糖的诱惑？

事后我也自责了许久，早知会这样我就不该装哭，不该让儿子看到爸爸被"欺负"的"家暴"场面。虽然这是一场闹剧，但在孩子纯洁的眼里，这和"家暴"没有区别。

其实，此前我们也玩过这样的闹剧，有时是我"打"他妈，有时换他妈"打"我，但此前儿子还小，没有表现出那么强烈的反应，但从他今天的反应来看，他已经对"家暴"流露出了强烈的憎恶感，所以他才会毫不犹豫地对他最依赖的妈妈说出"讨厌妈妈"的话。

玩闹结束后，他妈妈去洗脸。我躺在床上搂着儿子，轻声地问他："妈妈打人对不对？"他也轻声地回答："不对。""那你讨不讨厌爸爸？"他说："不讨厌。"

你看，儿子什么都懂，只是目前他还无法识破大人的鬼把戏而已。所以，面对孩子的纯洁，我们是不是也应该少玩些把戏？有时候，爸爸妈妈们为了赢得一时的自我满足，争得孩子的一时宠爱，就用各种手段来诱惑孩子更爱自己。殊不知，就在大人得到满足的同时不知不觉地伤害了孩子的内心，扭曲了孩子尚未坚固的是非观和正义感。【2岁9个月】

42　口是心非的逆反期

学校放暑假了，我和老婆带着儿子去哈尔滨外婆家度假。刚进外婆家门，圣斯有点陌生感，显得比较沉默。脱鞋进了房间，一见到他曾经睡过的大床，突然间就来了兴趣，在床背上爬上爬下兴奋极了。高高地爬在床背上，让他妈妈看。老婆担心他摔下来，示意让他下来。软硬兼施，他就是不肯。

我知道这个时候他正在兴头上，立刻让他下来他肯定不能接受。我就说："贝贝再爬一会儿，然后再下来，好不好？"还没等我说完，他就斩钉截铁地回了我一句："不下来。"

任凭我怎么哄，他就是不下来。我知道，这个时候对他硬来是没用的。于是我就来了个欲擒故纵，故意装作跟他妈妈说："你就让他爬吧，贝贝爬一会儿自己就下来了。"

听到我这么说，他赶紧接话："不下来，不下来！"

我说："好好好，不下来，不下来。"然后我又自言自语了一番："贝贝其实最乖了，他说不下来，其实过一会儿自己就下来了。行，那你玩吧，不下来没事。"

听了我的这番话，没过一会，他自己就下来了。这件事情就这么软解决了。

最近半个多月来，圣斯的脾气一直都不太好，情绪也很不稳定，稍不如意就会哭闹，而且还经常出现逆反心理，我们越让他做什么，他就越不做，处处都和我们对着干。我感觉，这个小孩又到了周期性的逆反阶段，这种表现属于一种正常的适龄行为。

孩子在成长过程中每隔几个月就会出现一次逆反心理期。前两个月，圣斯就很听话，跟他说什么他都听，像个乖乖兔（他属兔）；两个月再往前，有一阵子他就特别不听话，那是一个逆反期；最近半个月来他又进入了逆反期。可见，孩子的成长心理是一个顺逆交替的过程，有听话的阶段，自然就有不听话的阶段。有时候，他嘴里虽然说"不这个""不那个"嘴很硬，但这并非他的本意，也不是他故意要跟大人作对，这是孩子在成长过程中无法控制的一种心理行为。

所以我们要多了解孩子的成长规律，这样才能更好地融入孩子的世界，以便更好地处理他的任性、倔强等问题。遇上口是心非的逆反期，家长要有耐心，要有方法，尽量避免跟孩子短兵相见。【2岁9个月】

43 迷案寻踪

今天我要用U盘拷贝文件，但是找遍了书房都没找到放在电脑桌上的U盘。在寻找中我又发现，和U盘一起放在桌子上的吉他变调夹和调音器也都不见了。我问圣斯，有没有见过U盘和调音器，他说没有。

找了"半天"也没找着，这件"案子"成了一桩迷案。

下午我打印文件，发现打印机的出纸口被什么东西堵住了。掀开打印机盖，哎呀！原来"赃物"全在这里。

谁干的？这还用问吗？

可"嫌犯"还在睡午觉，就没打扰他。

为了还原案发现场，到时候可以指证"嫌犯"，我在打印完文件之后，又把"赃物"放回了原处。

我想考验一下圣斯的诚实度。吃完晚饭，便把他带到书房，领到打印机旁，故意装作很惊讶的样子对着圣斯说："哎呀！爸爸丢的U盘怎么会在这里呢？谁放的？"来到"案发现场"他好像回忆起了那天的事情，想都没想立刻就说："贝贝和墨墨放的。"

得了，案子破了。案犯原来就是尤圣斯和他的好朋友墨墨。肯定是他俩趁我上班不在家的时候，好奇之下把桌上的这些小东西全都塞进了打印机出口的空隙中。

我看圣斯很诚实，试探的目的已经达到。接着又表扬了圣斯说："你怎么那么棒呢！怎么会想到把这些东西放进打印机里去呢？"

他一时无言以对。我连忙又说："贝贝真棒！你是不是觉得这里有空隙，正好能够把这些东西塞进去？"

"对，贝贝和墨墨塞进去的。"圣斯答道。

我又问："塞进去好不好玩?"他说:"好玩。"

好了，铺垫已经够了，开始"收网"。我说:"贝贝真棒，都能想到把这些东西塞到空隙里面去，但是你要答应爸爸，下次再动爸爸东西的时候，要告诉爸爸一声，好吗?"

他很干脆的回答:"好。"

"那我们'拉钩上吊'好不好?"

于是，我俩默契地完成了"拉钩"手续，案件了结。

通过这件事情，我真心感觉到，孩子最宝贵的想象力不该扼杀。更何况他又没有造成很坏的结果，所以我用表扬的方式来鼓励孩子以后继续开动脑筋，发挥想象力。

在保护孩子的想象力这件事情上，一个 U 盘、一个变调夹、一

个调音器又算得了什么？只要不伤害到自己和他人的身体和情感，这样的迷案再来几次又何妨？【2岁10个月】

44 家长是孩子的镜子

圣斯晚上洗澡时，我在一旁陪他，并给他洗了一盘小西红柿，放在澡盆边上，他一边在盆里玩水一边吃着。

我说："给爸爸一个。"他就递给我一个。我说："谢谢贝贝。"他回了一句说："谢谢爸爸洗。"我感到有点惊讶，接着他又说了一句："谢谢爸爸买。"

不知道儿子的谢意是真是假，但是冲他这两句话，着实让我感动了一番。

谁教他的？我们谁也没有刻意地教过他说"谢谢"。但我经常听到，当儿子帮他妈妈拿了什么东西的时候，老婆都会跟他说"谢谢"。我想，应该是他妈妈的示范起了作用。

生活中，我们没必要刻意去教孩子太多礼节，只要父母做到了，孩子自然就会模仿。家长是孩子的镜子，镜子是亮的，照出的样貌肯定是清晰的；若镜子有污迹，你让镜子里的人如何清晰？

说到家长的示范作用，又让我想起了另一件事。圣斯每次洗手的时候，我发现他的程序都是一样的，先把水龙头打开，冲湿双手后都会把水先关掉，打上香皂然后再开水冲洗。

这是一个很好的节水行为，也是一个很正常的行为，因为我和他妈妈洗手的时候都有这个习惯。儿子没有接触过别人，所以我们的习惯自然也就成为了他的习惯。做到这一点有多难？其实一点都不难。但是，如果我们没有节水意识，孩子自然也会跟着浪费。所以说，教育无小事，家长的细节决定孩子的细节。家长若能做出好示范，孩子自然就会养成好习惯。所以，为了孩子能够从小养成好习惯，家长一定要做一面干净的镜子，擦亮自己的言行，让孩子照出一个清晰的面貌。【2岁10个月】

45 该不该批评？

临睡前，一家四口按照惯例在床上玩。"二宝"静静地躺在一边，圣斯在床上蹦。突然，圣斯蹦得失去了平衡，瞬间倒向他弟弟一边。幸亏老婆手快，一把接住了圣斯。好险，差一点就压在了弟弟身上。老二才6个月，他可经不起哥哥这么一压。他妈随口就说了圣斯几句："弟弟在旁边，你要小心，不能压到弟弟……"

圣斯的表情立刻由晴转阴，站在一边扳下了脸。随即，一股喷泉从他的下半身喷涌而出，他妈妈立刻用手去接，但这次她的手没有快过圣斯的尿，床单尿湿了。

我在一边看着，见圣斯又在床上尿尿，我的第一反应是：他是故意的。立即对他进行了严肃批评。因为受到我的批评，圣斯更加不高兴了。

但仔细一想，我立刻又缓和了语气问他："你是不是憋不住了？"圣斯回答："嗯，憋不住了。"我又问："是真的憋不住了吗？"他又答："真的憋不住了。"我说："好吧，没关系，那你去拿手纸来，自己把它擦干。"因为平时他和弟弟尿床，我们都是这么干的。看我让他去拿手纸来擦尿，他立刻提起了兴趣。

他拿来了手纸，一张一张的铺在尿迹上，学着我们平常擦尿的样子，摁一摁手纸然后翻个面再摁一摁，试图用手纸吸干尿水。看他忙得不亦乐乎，情绪恢复到了被批评之前的状态，"玩"得高兴极了。我让他自己擦，目的是想让他独立去处理自己制造的麻烦，但对于他来说这可是一个难逢的机会。因为平时我怕他浪费手纸，所以尿床时一般都不让他擦，这次看我主动提出让他擦尿，他岂不高兴。

我以圣斯喜欢的方式"惩罚"了他，让他为自己的"过失"负起了责任。

为什么我在批评了圣斯后，立即转换态度了呢？我是这么考虑的。

他差一点压到弟弟，这个行为不是故意的，但被他妈妈一说，感觉受了委屈，心里可能在想："妈妈这么关心弟弟，是不是不关心我了？"所以他想以尿尿的方式引起妈妈的关注。如果是这样，我们更加不应该批评他了。否则，岂不是真的让他误解成真了？为了平衡爱的天平，所以我缓和了语气，并给他找了个"憋不住"的台阶让他下。

或许还有一种可能。他可能真的憋不住了。他因失衡差一点压到弟弟，随后又受到妈妈的批评，所以他的情绪比较冲动，在冲动的情绪下情不自禁地冒了"喷泉"。如果是这样，则属无意。既然无意，就不该批评。

至于圣斯真实的心理活动，我无法得知，但不管是以上哪一种可能，我都觉得不该对他这次的尿床行为进行批评。所以，我才悬崖勒马。

但是，压到弟弟确是一件危险的事，该提醒还得提醒，该啰嗦还得啰嗦。就在圣斯擦尿擦得很高兴的时候，我在一边跟他说："下次蹦的时候要注意弟弟，要离弟弟远一点，不能压到弟弟，知道吗？"人在心情好的时候，什么意见都乐于接受，圣斯痛快地回答了一个"好"字。看他此时能够听得进意见了，我随即又对压到弟弟的危险性对他进行了教育。不知道他是否记得住我的话，但我觉得此时啰嗦肯定要比正遭批评时啰嗦有用得多。【2岁11个月】

46　家里多了个小裁判

我发现，儿子已经开始学会干预我们的情绪了。当我和他妈妈情绪比较激动、言辞比较激烈的时候，这个小裁判就会不断地干扰我们的对话，企图打断我们的拌嘴行为。

这天下午，因为一点小事，我和老婆的情绪都没控制好，比较激动，说话的声音也比较响。就在我俩言语碰撞的时候圣斯跑过来了，冲着我俩大声嚷嚷，说着一些我们都听不懂的语汇。当时我俩都在气头上，谁也没有太关注他的行为，只是被他这么一干扰，各自一边冷静去了。

临睡前，我和他妈妈坐在床上一边陪儿子玩一边聊着天。两人聊到一位好友的感情矛盾问题时，由于聊得太投入，情绪又开始激动起来。这个时候，在一边玩的圣斯突然再次爬到我俩中间大声嚷嚷，说着一堆我们听不大懂的"火星语"。

儿子没有仔细听我俩的谈话内容，只是看到我俩的情绪比较激动。显然，以为我俩又在吵架了，所以过来干扰我们的对话。这个时候，我才想起了下午那一幕，原来那会儿他就在干预我们的情绪，也就是劝架。想到这里，我乐了。我说："儿子，爸爸妈妈不是在吵架，没事，你玩吧。"同时，我也跟老婆示意，说话声音小一点，别那么激动，免得再让儿子误会我们在吵架。

记得，儿子1岁左右的时候，有次我和老婆吵嘴，他看到我们激动的情绪，吓得哭了。而今天，圣斯早已不再是那个小baby了，他不但不再害怕而且还像个小大人一样，开始当起了裁判，在我们即将擦出火花的时候，他及时喊停，干预了我们的情绪，让我们的情绪在激动的时候归于理性。

儿子长大了，这下可好了，家里多了个小裁判，以后这架我看是再也吵不起来了。【2岁11个月】

47 男子汉不喊疼

晚上我给圣斯洗澡，由于白天热出汗很多，他在水里一泡脖子上出现了很多泥渍。我便帮他搓泥，可刚搓了几下他就喊疼。

我说："男子汉不许喊疼。"他忍了一会儿，随即又表现出难受的表情，嘴里还发出嘶嘶的声音。

我又跟他说："我们是男子汉，男子汉就不能喊疼，得忍着。这点疼算什么呀？小姑娘才喊疼，知道吗？"

他回问我："爸爸，男子汉不能喊疼，是不是？"

我说："对，没错。一会儿洗完澡你跟妈妈说，我是男子汉，我不疼，不喊疼，好不好？"

洗完澡，进了卧室，我提醒圣斯："你要跟妈妈说什么？"

他把我刚才教他的话跟妈妈学了一遍。趁机我又补了一句，我说："对，贝贝是男子汉，贝贝不喊疼对不对？以后碰到一点小疼都不许喊，知道吗？"

他说："知道。"

答得倒是挺干脆，不知到时候能否做到？

其实我心里明白，下次再遇到类似的小疼痛时，他还会喊疼，我这么做只是想通过生活中的小事告诉儿子一个道理，男子汉就该有男子汉的样子，男人就该有男人的气概。从小为儿子树立男子气概，是为了让他长大后遇到挫折时，能够像男人一样坚强的去面对问题、处理问题。

3岁前，是培养孩子性格和品性的阶段，在这方面男女无别。但男孩和女孩的教育，有一个最大的区别，那就是性别教育。男孩就该从小培养他坚强的性格、坚韧的毅力；而小女孩就该引她走向温柔、淑女的方向。

我在学校工作，每届学生中都会遇到几个性格中性的孩子，女孩打扮得像男孩一样，男孩走起路来扭扭捏捏的像个女孩，这就是缺乏性别教育的典型例子。这些性别个性模糊的孩子，一般都是小时候家长对其缺乏性别教育的结果，家长忽略了性别教育对于性格养成的重要性。

你若从小把男孩当女孩养，给他穿裙子，带他进女厕所，长大了他能坚强？才怪了。反之，你让一个小女孩每天都沉浸在男孩的游戏中，格斗、枪杀，站着尿尿……长大了她不揍男友？才怪！

所以平时我们很注意圣斯的性别教育，尤其是上厕所这件事。只要我在身边，就绝不让他踏进女厕所一步，即便到了万不得已的情况下偶尔踏进女厕所，妈妈也会明确的告诉他：这是女厕所，只有妈妈这样的女孩子才能进来，你是男孩子，本来应该去男厕所的，但是爸爸不在，这次你就暂且在女厕所尿，以后还是得去男厕所，诸如此类的话。平时若碰到一些小挫折，我也会明确的告诉他，你是男孩子不能那么娇气，男孩就该有男孩的样子；并且我还会不时的教他拍拍胸膛，口述"我是男子汉"这样的口号。我想，用不了多久，男子汉的概念就会在圣斯的脑海中形成定式。

孩子是老天赐予我们的厚礼，是男是女这是老天的安排，不管你喜不喜欢孩子的性别，都有责任让他（她）成为他（她）所属性别的那种人（男人或女人），让他（她）具有男人或女人该有的气质。所以，如果是男孩，那就一定要培养他坚强的性格，搓澡那点疼必须忍着；如果是女孩，搓澡时她若喊疼，那你就轻一点、缓一点，像对待孩子的妈妈一样温柔的去对待她、呵护她，因为男女实在有别。【3岁】

48　为什么要让孩子学音乐

望子成龙，望女成凤，是所有父母的心愿。在成龙成凤的期盼中，学音乐是很多父母都会选择的一条路。

为什么要让孩子学音乐？冠冕堂皇的理由很多，诸如陶冶情操、提高修养，当然还有很大一部分是冲着考级去的。或糊涂，或功利。

学音乐是一件很简单但又很复杂的事情。

如果你不理解音乐的意义，学音乐跟情操和修养就没有任何关系；但是你若理解了音乐，它就是一件非常有意义的事，会和人的情操和修养产生密切关系。

首先，学音乐是一件极其需要耐心的事情。不管你学钢琴、小提琴或其他乐器，都需要花费大量的时间去练习，一首曲子由生到熟需要经历一次又一次孤独的练习。耐得住寂寞，是一个人走向成功的基础。对于每一个学音乐的人而言，这个意义都要大于音乐本身。

其次，音乐讲究秩序与平衡。不管你学习什么乐器（或声乐），最终都得跟其他人进行合作，管弦乐、电声乐，任何一种音乐形式，只有当不同的表演者走到一起时才能发出立体的声音，这才是音乐的魅力。与人合奏，你不可能只顾自己演奏（或演唱），必须遵循一定的音乐规则才能让音乐正常的进行下去，这就是秩序。没有秩序的音乐，无法想象。对于人的行为规范，遵守秩序恰恰是非常重要的一个标准。可见，音乐对于孩子的成长影响多大？

此外，当合奏时，必须要和别人保持平衡，即便你是首席或主奏，也得融入其他乐器的整体氛围中，否则你就会被其他队员唾弃。因为谁也不想跟一个无法协作的人一起合作。当然，在合奏中你还得学会另一种本领，既听自己又听别人的本领。只有当你清楚的听到别人的声音时，才能明白自己的演奏处于什么状态。因此，学音乐必须具备团队精神，没有这个基础，即便你拥有再高的演奏水平也没有意义。

再者，音乐可以激发人的想象力和创造力。当你把写在纸上的一个个音符，通过乐器或人声将其变成声音的时候，那是多么奇妙的事情！你的喜怒哀乐会决定这些音符的表情。你认为它是什么样的，它就会根据你的思维而变成什么样子，然后再用你的乐器或嗓音将它表现出来、创造出来，这是一个非常奇妙的过程。于是，不同人演奏同样的音乐就产生了各种各样的效果。这就是音乐的自由性和开放性。有了自由和开放的前提，你还可以通过曲调、节奏、和声等音乐素材的自主结合，让仅有的几个音符变化出无数种乐曲的可能。此时，你的想象力和创造力，会在音乐中得到无限放大。拥有了这些能力，你就可以通过音乐来表达自己的喜怒哀乐了，这不正是大家所说的情操吗？拥有了这种情操，人的思想和个性就会得到彰显，有了思想和个性，你自然就会显得与众不同。家长让孩子学音乐，不就是想让自己的孩子与众不同吗？

因此，学音乐是一件非常有意义的事，这个意义不在于你掌握了多少音乐技能，而是在于你在学习音乐的过程中是否拥有了耐心、秩序感、平衡性、想象力、创造力，以及思想和个性。让孩子在音乐中学会协作、遵守秩序，既独立又合作地去感知音乐、创造音乐、享受音乐，这才是学习音乐的真正意义。

　　身边一些不是搞音乐的朋友，时常会把音乐看偏，他们认为音乐圈很乱、很复杂，甚至很不高雅。我曾提醒他们，我们音乐圈很规矩、很严肃，你所认为的音乐圈那是娱乐圈，是被媒体歪曲的"音乐圈"，因此，请不要把娱乐圈当做音乐圈，也不要把孩子学音乐这件事情和娱乐圈的那些功利行为扯上关系。总之，学音乐不能太功利，不能为了学音乐而学音乐。

以上是我对儿子铺开音乐之路所做的思考。作为一名音乐人爸爸，我愿借此机会以自身的职业感悟，与大家分享我对音乐的理解，希望能够对学习音乐的孩子和家长提供有效的参考，让音乐在孩子的成长过程中起到真正的作用。【3岁】

49　像歌一样成长

儿子，你马上就要3岁了。这3年来，你已经成了爸爸妈妈生活中最重要的组成部分。虽然有时候因为你做了一些违反原则的事，爸爸会惩罚你，让你反思，但是你要知道，爸爸永远都是爱你的。之所以要惩罚你、教育你，那是为了让你能够从小养成良好的习惯和品性。

这3年过得真快，从你呱呱落地到步履蹒跚再到呀呀学语，今天你却成为一个"小大人"。那天逛街，当你趴在爸爸的肩上睡着的时候，爸爸突然感觉到，抱你已经有点吃力了。那时我才明白，随着你的成长，爸爸抱你的次数将会日益递减，不是爸爸不想抱你，而是你已经不愿再让爸爸抱，因为你已经长大了。

爸爸知道，能够让你乖乖地呆在怀里的时间会越来越少，趁现在我还能驾驭你的行动，爸爸会尽量多抽时间去陪你、抱你，否则时间一晃，爸爸就真的抱不动你了。所以每天晚上爸爸都要陪你玩一会儿，让你爬、让你骑，为的就是不想错过你成长的每一个瞬间。

在你的成长过程中，爸爸清晰地记得，你曾把屎拉在爸爸腿上，把尿尿在爸爸身上，可是那一点也不臭，被你拉、被你尿那是爸爸人生中最快乐的事情，这种快乐你懂吗？

3年的时间一转眼就过去了。再过若干个3年你就长成一个小伙子了。说实话，爸爸不想你长得太快，但是谁又能拦得住时间的脚步？所以，我们只有珍惜当下，珍惜现在的每一段时光，这样才能够让我们的人生不留遗憾。我想，这些时光终将成为我们人生路上最重要的回忆。

快长大吧，孩子。成长对你来说，既是一种快乐也是一种烦恼，你终究需要自己去面对成长中的每一种酸甜苦辣，所以在人生的道路上你需要掌握很多本领，去装点自己的人生。

爸爸曾经写过一首歌叫《成长歌》，这是爸爸寄予你的希望，希望你能够在人生的道路上学会成长，像歌词中写的那样去成长，快乐、自由地过好每一天。爸爸妈妈永远爱你！【3岁】

亲子时间

成长歌

词曲：尤静波

演唱：尤静波

学会哭　学会笑　学会牢记　学会忘掉

学会爱　学会恨　学会感恩　学会祈祷

学会选择　学会比较　学会拒绝　学会拥抱

学会思辨　学会寻找　学会在逆风中大步奔跑

试着学会去担当　试着学会去忍让

试着学会去宽容　试着在风雨中学会欣赏

试着学会去受伤　试着学会去守望

试着学会去倾听　试着在沉默中学会构想（试着在风雨中学会绽放）

附录1：《爸爸我爱你》原创亲子歌CD曲目

1. 爸爸我爱你

演唱：尤圣斯、高歌、尤静波 / 词曲：尤静波 / 编曲：潘永峰 / 录音、缩混：尤静波

视频地址：http://v.youku.com/v_show/id_XNzM2MzI4ODE2.html 或百度搜索"尤圣斯　爸爸我爱你"

2. 我是小宝贝

演唱：尤圣斯、高歌、尤静波 / 词曲：尤静波 / 编曲：潘永峰 / 录音、缩混：尤静波

3. 诚子歌

演唱：高歌、尤静波、尤圣斯 / 词曲：尤静波 / 编曲：潘永峰 / 录音、缩混：尤静波

4. 摇篮曲

演唱：尤静波 / 词曲：尤静波 / 编曲：丁培峰 / 录音、缩混：尤静波

视频地址：http://v.youku.com/v_show/id_XNzA4OTM2MTI4.html 或百度搜索"尤静波　摇篮曲"

5. 大ipad

演唱：尤圣斯 / 词曲：尤静波 / 编曲：刘梦沱 / 录音、缩混：尤静波

视频地址：http://v.youku.com/v_show/id_XNzM1MzE5MzAw.html 或百度搜索"尤圣斯　大ipad"

6. 过马路

演唱：尤圣斯、高歌 / 词曲：尤静波 / 编曲：刘梦沱 / 录音、缩混：尤静波

7. 玩手机

演唱:高歌、尤圣斯 / 词曲:尤静波 / 编曲:刘梦沱 / 录音、缩混:尤静波

8. 粒粒皆辛苦

演唱:高歌、尤圣斯 / 作词:(唐)李绅 / 作曲:尤静波 / 编曲:刘梦沱 / 录音、缩混:尤静波

9. 成长歌

演唱:尤静波 / 词曲:尤静波 / 编曲:王晓松 / 录音、缩混:尤静波

10. 摇篮曲(演奏版)

关于录音的点点滴滴

　　这张专辑是我为儿子专门创作的一张亲子专辑，录音的时候圣斯才 2 岁 8 个月，他的语言能力还尚不完善，平时说话我们都得一边听一边猜，很多字的发音还很模糊。

　　一个连话都还说不清的孩子，能把歌唱成什么样？

　　出于自己的职业兴趣，我只想让他试试，所以录音之前并没对他寄予太大希望。好在自己家里就可以录音，有的是时间跟他磨。

　　第一次录音录的是《大 ipad》这首歌。因为这是第一次录音，他觉得好玩，所以录得很认真，反复唱了好几遍。后来我又陆续给他写了《过马路》《玩手机》等其他歌曲，在录音中我总是纠正他

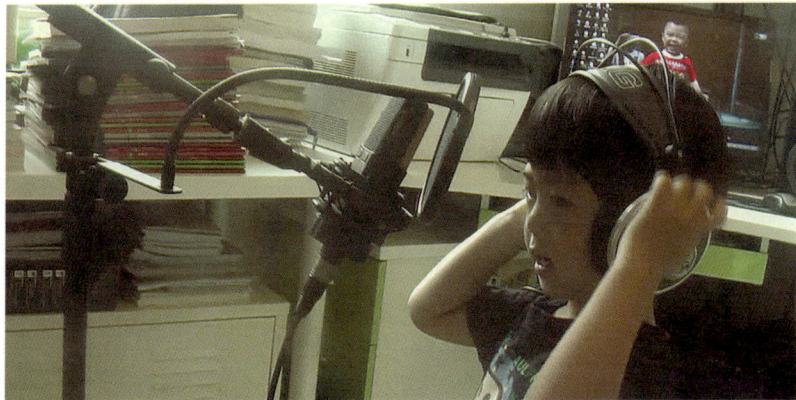

唱错的地方，让他一遍接一遍的练唱。这么一来，他对录音表现出了不耐烦的态度，当我再找他录音时，他就不太情愿了。怎么办？

为了促成这张专辑，我只好拿出平时被我禁用的"物质交换法"，以零食相诱。每次当他不愿录音时，一听有零食吃，立刻就配合。为了达到录好音的目的，录音时我让他拿着零食不许开盖。每唱完一遍，他就问我："爸爸，能不能吃？"我说："再来一遍，就能吃了。"就这样，在我连哄带骗之下，才把这几首歌录完。虽然我知道这个办法是个下策，但为了专辑迫不得已。

尽管有了零食的诱惑，但孩子毕竟是孩子，他的耐心是有限的。录过音的人都知道，录音不像唱卡拉 OK 一遍就能过，一般都得反复录唱才能录出最佳效果，歌星录音也都这样，何况一个孩子。所以我的办法是每天录一会儿，圣斯的耐心只能做到一首歌每天最多只唱两遍，唱完两遍摘下耳机就要走。

录音时为了让他的嘴能够对准话筒，我一般都是抱着他唱。好几次他唱完想走，但又考虑到零食在我手中，就问："爸爸，能不能走？"看他眼睛盯着零食眼巴巴的可怜样，我只好给他零食放他离去。因此，我只能像麻雀垒窝一样，每天录一点，一天天的累积。

这是我平生录过最难搞定的"歌手"，也是我制作得最辛苦的一张专辑。平时录音，我们都会根据声音的大小（电平参数）要求歌手离话筒近一点或远一点，但是对于这个小东西，我可控制不了他。我让他大点声，他就像打了鸡血一样给我嚎一嗓子，录音电平一下子就"炸"了，声音就失真了；我若让他小声一点，他就故意给我"说梦话"，弄得我哭笑不得。有时候唱累了在我身上扭来扭去，嘴巴虽然在唱但心却已被零食掠走，以至身体在摇晃之下，嘴巴离话筒忽远忽近的，录出来的声音自然也就忽大忽小，录音难度可想而知，每次都把我这个录音师折磨得精疲力尽。可是我还不能说他，只要一说，他就会摘下耳机——不录了。该"小腕"真是得罪不起啊！

这张专辑尽管录得很累，但却是我制作得最开心的一张专辑。我能在儿子2岁半时为他记录下平生第一次歌唱，这是多么有意义的事情。我敢肯定，再过几年当他重录这些歌的时候一定会比现在唱得更好，但现在录音却拥有以后再好的演唱也无法超越的一种意义。一家人在一起唱歌、一起录音，这是我之前从没想过的事情。专辑录完之后，我深深地感受到，和老婆儿子一起录音，竟能在音乐中获得这么多之前不曾有过的快感。

因此，这张专辑是我用灵魂和血脉与音符交织的一张原创专辑，爱与亲情满满地溢于音符之间。你若听着音乐感受到了爱，那就是这张专辑的意义。

附录2：好爸爸（好妈妈）测试题

测试说明

（1）本测试共10题，每题1分。

（2）测试对象为1-3岁幼儿的爸爸或妈妈。

（3）测试结果与等级划分：

10分——好爸爸（妈妈）

8-9分——合格爸爸（妈妈）

6-7分——需要加油的爸爸（妈妈）

6分以下——极不合格的爸爸（妈妈）

1. 一家人准备出去吃饭，但孩子在家里玩得正高兴，怎么叫也不走，这个时候你该怎么办？

A. 强行抱走。

B. 先陪他（她）玩，在玩的过程中趁机说服他让他走。

C. 陪他玩到不想玩了再走。

D. 假装大人先出门后，关门吓唬（他）她。

2. 孩子在家里木地板上摔倒了，但不是很严重，你该怎么做？

A. 赶紧抱起来。

B. 在一边给他（她）讲道理，让他（她）以后小心点。

C. 在一边鼓励他（她），让他（她）自己爬起来。

D. 不理他，让他（她）自己爬起来。

3. 到了开饭的时间,大人都开吃了,孩子却不愿吃饭,你该怎么办?

A. 给他(她)零食,让他(她)拿在手里,只要他(她)吃完饭就让他(她)吃零食。

B. 由爸爸或妈妈端着饭,跟在孩子边上喂他(她)。

C. 如果大人吃完了他(她)还没来吃饭,就收了饭菜,饿他(她)一顿。

D. 由爸爸或妈妈先陪他(她)玩一会儿,玩的过程中趁机说服他(她)吃饭。

4. 孩子要自己吃饭,但勺子拿不稳,吃的时候把饭菜都撒到了地上,但他(她)喜欢自己吃,碰到这种情况你该怎么办?

A. 继续让他(她)自己吃,培养他(她)自己吃饭的兴趣,大不了吃完后收拾残局。

B. 赶紧把撒在地上的饭菜收拾干净,转由爸爸或妈妈来喂他(她)。

C. 告诉他(她)吃饭的时候要注意卫生,不要把饭菜都撒到地上。

D. 对他(她)进行严厉批评,并罚他(她)不许吃饭。

5. 孩子总是随地大便,你该怎么办?

A. 当他(她)每次随地大便时都对他(她)进行批评教育。

B. 当他(她)每次随地大便后让他(她)面壁思过,以示警告。

C. 不说他(她)也不罚他(她),由爸爸或妈妈把大便收拾干净就可以了。

D. 给他(她)买一个小马桶,当他(她)要大便时就把他(她)抱到马桶上去。

6. 孩子拿着一块三角形积木做飞翔状,他(她)说:"我要让这只小鸟飞到天上去。"你该怎么做?

A. 及时纠正他(她)的错误,并告诉他(她)这是一块积木,不是小鸟。

B. 批评他,并纠正他的错误,以便让他(她)记住这是一块积木。

C. 表扬他,并用惊讶的语气配合他:"哇,这只小鸟飞得真高。"

D. 不表扬,不批评,也不纠正,随他(她)自己玩。

7. 孩子跟你怄气,一气之下把手里的书撕了,你会怎么做?

A. 严厉地批评他,对他讲道理。

B. 找来透明胶布,让他(她)和你一起粘书。

C. 你也找来一本书,把它撕了。

D. 打他(她)撕书的那只手,以便让他(她)记住教训。

8. 孩子耍性子,无理取闹,你该怎么办?

A. 严厉地批评他(她),教训他(她),让他(她)不许哭。

B. 随他(她)哭,不去理他(她),让他(她)自己哭停为止。

C. 抱着他(她)让他哭,并告诉他(她)这样不对,必须反思。

D. 把他(她)一个人关进屋子里,让他(她)自己哭,自己反思。

9. 孩子的皮球弹到书柜上去了,他(她)伸手够不着,找你帮忙,你会怎么做?

A. 直接帮他(她)拿下来。

B. 让他(她)自己想办法弄下来。

C. 告诉他(她)应该搬来凳子,自己爬上凳子去拿球。

D. 帮他(她)搬来凳子,把他(她)抱到凳子上,让他(她)自己去拿球,拿到球之后再把他(她)抱下来。

10. 你在拖地,他(她)也拿来一个拖把要和你一起拖,你该怎么做?

A. 阻止他(她),免得越帮越忙。

B. 委婉地劝说他(她):"你现在还太小,等你长大了再帮大人干活。"

C. 让他(她)参与,让他(她)玩,培养他(她)参与家庭劳动的兴趣和意识。

D. 他(她)在一边捣乱没法干活,等他(她)不拖了我再拖。

答案与提示

1. B

亲情提示:要想让他(她)顺着你,你要先去顺着他(她)。

2. C

亲情提示:没有从小脆弱的孩子只有从小培养脆弱的父母,所以应该让孩子从哪里摔倒就从哪里爬起。

3. C

亲情提示:应从小养成良好的生活规律,错过了吃饭时间,就应该让他(她)为自己错过的事情承担后果。

4. A

亲情提示:不要因为孩子制造了一点麻烦,就去制止他(她)的行为,如果这样能够培养他(她)的兴趣和能力,那又算得了什么? 如果连这么一点麻烦都接受不了,还谈什么爱?

5. D

亲情提示:孩子的有些"不当"行为是因为大脑发育尚不健全而造成的,是他(她)自己无法控制的。此时的批评教育没有任何作用,但也不可视而不见,最好的办法就是按照常规对其引导,让他(她)习惯成为自然。

6. C

亲情提示：谁说积木不能变成小鸟？那只是大人已被禁锢的思维模式。请记住，孩子天马行空的想象力，是聪明的根基。请务必保护好孩子的想象力！

7. B

亲情提示：让他（她）知道后果并参与补救，这比批评说教更有效。你若让他（她）一起粘书，这个补救行为就成了一个非常好的亲子活动。在一起粘书的过程中你再给他（她）讲道理。

8. C

亲情提示：对待孩子无理取闹，必须采取"软惩罚"。让他（她）哭是帮他释放坏情绪；让他（她）反思是对他（她）采取的惩罚方式；抱着他（她）说明你依然爱他（她）；这叫"爱而坚定"的惩罚。

9. D

亲情提示：我们可以帮他（她）去完成他（她）还无法独立完成的事情，但不要去替他（她）完成。如果替了，你仅仅给了他（她）结果，而剥夺了他（她）参与处理问题的机会。

10. C

亲情提示：不要随便打消孩子的积极性。对他而言，那是一个极为快乐的游戏过程。从小让他（她）参与劳动，结果不重要，但这个过程很重要。

后 记

　　起初，我写这些笔记只是为了记下儿子的成长足迹，没想到最后竟写成了一本书。当我和出版社商定要出版本书，开始重新整理这些文字时，我发现，两三年前的这些事，我几乎忘得差不多了。

　　孩子的成长道路是一条永不可逆的单行道。所幸的是，我用洋洋洒洒十余万字记下了儿子的这些成长细节，它记录了我们爷俩这三年来共同成长的点点滴滴，这是一段终身难忘的记忆，也是我们的人生中永远都回不去的一段时光。要不是这些文字，我几乎已想不起儿子呀呀学语的样子，也几近忘却儿子蹒跚学步的情景。所以我觉得这些文字很珍贵，这本书的意义很大，它和照片、视频一起构成了我对儿子幼时的立体记忆。

　　孩子的成长是有阶段性和规律性的，0-3岁这三年是培养孩子品性的阶段。如果把孩子比作一棵小树，前三年是培养根系的时期，我们若能为孩子打下良好、扎实的人生基础，这棵"小树"的根系就会牢牢地扎进土里，根深不怕枝壮，以后长出的繁枝茂叶随你修剪。

　　3-6岁是"小树"嫩芽初放的时期，这个时期，阳光、雨水很重要。此时若能增加孩子的见识，开阔孩子的视野，这对孩子的未来影响甚大。视野开阔了，思维就会随之活跃。所以在未来的三年、五年或十年中，我会继续记录儿子的成长历程，用文字、照片、视频和音乐去记录我和儿子共同走过的足迹，我想那个时候一定会有更多的事情发生。

随着儿子一天天的成长，我这个爸爸的知识量也会日益显出贫乏之态，但这没关系，我可以陪儿子一起去探索这个世界，用我所掌握的方法陪他一起学习；碰到不会的问题，我会和他一起去寻找答案。因为我说过，陪伴才是最好的爱。直到有一天，儿子不再用我陪伴，而轮到他陪伴我的时候，再翻出这本书，他一页一页的念给我听，那是多么美好的事情！

当然，这些都是以后的事，以后会怎样现在无法预料，但我坚信我会用一个父亲仅有的爱，赋予儿子以诚实、勇敢、善良和思想，陪他走好人生的每一步。

下面，我要感谢所有与本书有关的亲人和朋友。

感谢好友崔文斗，为本书提供的友情插画。文斗兄是90年代"校园民谣"时期的知名组合"南合文斗"的成员，大家可能听过他的作品《让泪化作相思雨》。他既是一位优秀的唱作歌手，也是一位极富创意的艺术家，感谢他的插画为本书增添了色彩。

感谢好友老潘（潘永峰），为随书专辑中多首歌曲提供的友情编曲，以及不定期的为孩子拍摄记录成长的照片；感谢刘梦沱、丁培峰、王晓松三位老师为专辑中的部分歌曲提供的友情编曲。感谢大狗山娃为专辑中的《爸爸我爱你》和《摇篮曲》友情拍摄MV。

感谢四位好友（都是好爸爸）对本书的推荐。

江小鱼，既是文化评论人也是导演，人称"思想飞人"、"文化刺客"，被誉为"中国最有影响力的百位意见领袖之一"。作为好友，我知道他是一位好爸爸，从他写的育儿书《别用爱的名义对孩子让步》可以得知，这是一位可以赋予孩子思想的好爸爸。感谢江哥的推荐！

陈秀男，台湾著名音乐制作人、作曲家，我们这一代人都是听着他的歌长大的，曾写过《大海》（张雨生）、《潇洒走一回》（叶倩文）、《我是不是该安静地走开》（郭富城）、《真情难收》（刘德华）、《萤火虫》（伊能静）、《放心去飞》（小虎队）等一批脍炙人口的好歌。难得的是，秀男老师不仅是一名金牌制作人还是一位好爸爸。记得有一次有事找他，得知他刚从北京飞回台湾，目的就是为了回去陪女儿一起度暑假。我想能够搁下工作陪女儿一起度假的爸爸，绝对也是一位百分百的好爸爸。感谢秀男老师的推荐！

李广平，我国著名的词作家和音乐制作人，曾写过《你在他乡还好吗》（光头李进）、《潮湿的心》（甘萍）等经典佳作；也曾是《小芳》《大哥你好吗》等专辑的企划和制作人。更厉害的是，他培养了一名优秀的耶鲁高材生。他的女儿从中央音乐学院附中毕业后，被美国耶鲁大学录取。在教育孩子方面他是我的榜样，我要向他学习。感谢广平老师的推荐！

崔恕，我国著名词作家，虽与我同龄，但提到他的作品却让我十分汗颜，曾写过《爱如空气》（孙俪）、《最好的未来》（刘若英）、《老婆最大》（崔子格）、《红颜劫》（《甄嬛传》主题曲）等经典歌曲。他的女儿和我儿子差不多大，虽然平时较忙，经常奔波于全国各地，但从他的微信中经常看到他晒闺女照片并附以爱的文字便可得知，这也是一位好爸爸。感谢崔兄的推荐！

感谢上海音乐出版社社长费维耀先生，他是我的伯乐。当我第一次和他谈起这本书稿时，他就以独到的眼光抓住了这个选题，并为我提供了很多思路。要不是他的建议，就不会有这张随书的亲子专辑。更精彩的是，签约那天我们一起在簋街吃饭，当我给他看《爸爸我爱你》这首歌的MV时，他以职业出版人的敏锐性，为本书随即提出了一个新的名字，他问我："就叫《爸爸我爱你》怎么样？"众里寻她千百度，蓦然回首，那人正在灯火阑珊处。一个既亲切又温暖的书名就这么诞生了。当时我按耐住内心的喜悦，在心中为费总的高见拍案叫绝。当然，更要感谢费总为本书的出版所提供的大力支持。

感谢本书编辑刘诗瑶老师为本书的出版付出的艰辛。我和上音社合作的书都是她负责把关，感谢她的细心审校。我想跟她说，和您的合作非常愉快！

感谢青霞姐、亚芳姐和林巧同学，虽然你们为我提供的儿童插画最终没有用上，但十分感谢你们为我寻找插画而付出的热情。

最后要感谢我的家庭亲友团，这个家除了我们一家四口，还有孩子的爷爷、奶奶、外公、外婆、姑姑、姑父、姐姐、哥哥、太外婆、舅舅、舅公、姨妈等，他们以爱的名义无时无刻的关心着孩子的成长。尤其是外婆，毫无保留的付出了她的艰辛和劳累，无私的将爱注入孩子的每一天、每一刻，作为孩子的父亲，我的谢意无言以表，借此机会，深鞠一躬，以示感谢！当然，还有我最伟大的老婆，"谢"字用在我们之间已经失去了意义。她不仅给了我事业上的支持，还给了我生命的延续。她放弃了自己的工作和事业，在家全心全意的照看孩子，她用无私的爱，抚育两个孩子一天天成长，全年365天没有一天假期，她用自己的行动诠释了一个女人的真善美！一个男人能够找到一个好女人为伴，是福气；但我想说的是，能够找到一个像你这样又美丽、又善良、又能干的妻子，是我此生最大的福气。爱，因为有你才完美；而我们的爱因为有了孩子更完美。

2014年10月29日于北京

曲目表

图书在版编目（CIP）数据

爸爸我爱你———一个音乐家的父教笔记 / 尤静波著 – 上海：
上海音乐出版社，2014.11
ISBN 978-7-5523-0685-9
Ⅰ. 爸… Ⅱ. 尤… Ⅲ. 家庭教育 Ⅳ. G78
中国版本图书馆 CIP 数据核字（2014）第 231330 号

书　　名：爸爸我爱你———一个音乐家的父教笔记
著　　者：尤静波

出 品 人：费维耀
责任编辑：刘诗瑶
音像编辑：曹德玲
封面设计：何　辰
印务总监：李霄云

出版：上海世纪出版集团　上海市福建中路 193 号　200001
　　　上海音乐出版社　上海市绍兴路 7 号　200020
网址：www.ewen.cc
　　　www.smph.cn
发行：上海音乐出版社
印订：上海丽佳制版印刷有限公司
开本：890×1240　1/32　印张：9　图、文：144 面
2014 年 11 月第 1 版　2014 年 11 月第 1 次印刷
印数：1 – 2,000 册
ISBN　978-7-5523-0685-9/J · 0615
定价：58.00 元（附 CD 一张）

读者服务热线：(021) 64375066　印装质量热线：(021) 64310542
反盗版热线：(021) 64734302　(021) 64375066-241